中南财经政法大学会计·财务系列教材

会计学习题集

汤湘希 主编

中国财经出版传媒集团
中国财政经济出版社

图书在版编目（CIP）数据

会计学习题集／汤湘希主编 .—北京：中国财政经济出版社，2018.10
中南财经政法大学会计·财务系列教材
ISBN 978 – 7 – 5095 – 8542 – 9

Ⅰ.①会… Ⅱ.①汤… Ⅲ.①会计学 – 高等学校 – 习题集 Ⅳ.①F230 – 44

中国版本图书馆 CIP 数据核字（2018）第 216494 号

责任编辑：孙　琛　　　　　　责任校对：张　凡
封面设计：陈宇琰

中国财政经济出版社 出版

URL：http：//ckfz.cfeph.cn
E – mail：cfeph@ cfeph.cn
（版权所有　翻印必究）
社址：北京市海淀区阜成路甲 28 号　邮政编码：100142
营销中心电话：010 – 88191537
天猫网店：中国财政经济出版社旗舰店
网址：https：//zgczjjcbs.tmall.com
北京密兴印刷有限公司印刷　各地新华书店经销
710×1000 毫米　16 开　13 印张　250 000 字
2018 年 10 月第 1 版　2021 年 8 月北京第 2 次印刷
定价：45.00 元
ISBN 978 – 7 – 5095 – 8542 – 9
（图书出现印装问题，本社负责调换）
本社质量投诉电话：010 – 88190744
打击盗版举报热线：010 – 88191661　QQ：2242791300

推 荐 说 明

本系列教材为财政部教材编审委员会推荐教材。

财政部教材编审委员会
2006 年 1 月

中南财经政法大学会计·财务系列教材编审委员会（2018）

主　任：郭道扬

副主任：张敦力　王雄元　王　华

委　员：（按姓氏笔画排序）

王　华　王昌锐　王清刚　王雄元　汤湘希　杨汉明

何威风　沈　烈　张　琦　张龙平　张志宏　张敦力

陈　辉　罗　飞　袁天荣　郭　飞　郭道扬　唐国平

黄洁莉　詹　雷

会计学习题集
编 写 组

主　　编：汤湘希
副 主 编：刘东晓　季　华
参编人员：石中美　严　静　操　巍　晏　超　钟慧洁　李燕媛

总　序

"教材建设是事关未来的战略工程、基础工程，教材体现国家意志"。新时代对会计、审计和财务管理的人才要求越来越高，因此，进一步深化会计、审计、财务管理教育改革，培养满足新时代需求的高素质会计、审计、财务管理的人才，是我国高校教育当前的紧迫任务。我们一直努力探索会计学专业和财务管理专业的教育改革，尤其是教材改革问题。早在1982年，我们便对会计学专业主干课程教材进行了改革，提出了一套系统改革方案，经财政部批准后作为财政部部属院校的两套会计学专业教改方案之一实施，并进行了中南财经政法大学（时名湖北财经学院）系列教材建设。

课程改革是关键，教材改革是基础。1993年为了适应《企业会计准则》、《企业财务通则》和行业会计制度与行业财务制度改革，我们改革了会计学专业主干课程体系，启动并出版了第一轮"中南财经大学会计系列教材"。该系列教材在1994年第六届全国书市上被评为最佳畅销套书。各教材也分别获得第二届财政部优秀教材奖，受到广大读者、使用单位和出版界的好评与欢迎。此后，我们于1996年至1997年修订出版了第二版，在社会上产生了广泛和良好的影响。

2000年启动了第二轮"中南财经政法大学会计·财务系列教材"的建设工作，确定出版了十一门课程的教材，其中增加了为非会计学专业和非财务管理专业的本科生组织编写的《会计学概论》、《公司财务管理概论》等两种教材，从2001年起陆续由中国财政经济出版社出版发行。

从2005年起，我们启动了第三轮"中南财经政法大学会计·财务系列教材"的建设工作。教材编审委员会审定通过并确定了十八门核心课程的教材，从2006年起陆续由中国财政经济出版社出版发行。

从 2018 年起，我们启动了第四轮"中南财经政法大学会计·财务系列教材"的建设工作。教材编审委员会审定通过并确定了课程体系由主干课程、特色课程、实践实验课程、外专业课程四个模块构成。主干课程的教材包括《会计学原理》、《中级财务会计》、《高级财务会计》、《财务管理》、《高级财务管理》、《成本会计》、《审计学》、《财务分析》八种；特色课程的教材包括《会计史》、《管理会计》、《会计理论》、《会计制度设计》、《政府会计》五种；实践实验课程的教材包括《会计案例》、《财务管理案例》、《审计案例》、《会计信息系统》四种；外专业课程的教材包括《会计学概论》、《公司财务管理概论》两种。这套系列教材从 2018 年起陆续由中国财政经济出版社出版发行。

在本轮教材建设中，我们继续坚持多年教材建设"理论与实务并重、兼容并蓄、立足我国、放眼世界、务实创新"的原则，该系列教材具有"科学性、先进性、实用性和易教易学性"等四个特点：（1）系统论述会计学科、审计学科和财务管理学科的基本知识、基本理论和基本技能，全面反映我国经济改革和会计、审计、财务管理改革及研究的最新成果，体现教材的科学性；（2）立足现实，面向未来，体现教材的先进性；（3）既同国际趋同，又与中国实际相结合，体现教材的实用性；（4）充分尊重教学规律的要求，体现教材的易教易学性。

需要特别说明的是，2018 年起新出版的"中南财经政法大学会计·财务系列教材"，继续得到了中国财政经济出版社以及许多兄弟院校和广大读者的热情支持与帮助，在此一并表示衷心的感谢！同时，我们也真诚地希望会计界、审计界、财务界的专家、学者和广大读者，以及实务界的朋友，提出宝贵的意见和建议，以便再版时修订、完善。

中南财经政法大学会计·财务系列教材编审委员会
2018 年 6 月

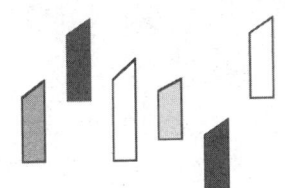

编写说明

为了帮助读者和学生巩固所学《会计学》的知识、提高其学习效果，中南财经政法大学会计学院中级财务会计教研室组织课程组的老师编写了本习题集。本习题集由汤湘希、刘东晓和季华老师负责总体框架的设计、修改和总纂。各章编写人员分工如下：第一章、第十章由石中美执笔；第二章由季华执笔；第三章、模拟试卷（一）、模拟试卷（二）由操巍执笔；第四章、模拟试卷（三）、模拟试卷（四）由晏超执笔；第五章、第七章由刘东晓执笔；第六章由严静执笔；第八章由钟慧洁执笔；第九章由李燕媛执笔；附录由汤湘希执笔。

在编写本习题集的过程中，得到了中南财经政法大学会计·财务系列教材编审委员会和中国财政经济出版社的大力支持和帮助，谨此一并深表谢意！

在本习题集编写过程中我们力求做到重点突出、表述准确、参考答案正确，但由于水平有限，书中难免有疏漏之处，恳请广大读者批评指正，以便再版时予以修订。

本书编写组

2018 年 8 月

目 录

第一篇 习 题

第一章 总论 ……………………………………………………………（ 3 ）
 一、单项选择题 ……………………………………………………（ 3 ）
 二、多项选择题 ……………………………………………………（ 5 ）
 三、判断题 …………………………………………………………（ 6 ）

第二章 会计核算系统 …………………………………………………（ 8 ）
 一、单项选择题 ……………………………………………………（ 8 ）
 二、多项选择题 ……………………………………………………（ 10 ）
 三、判断题 …………………………………………………………（ 11 ）
 四、计算及账务处理题 ……………………………………………（ 12 ）

第三章 流动资产 ………………………………………………………（ 15 ）
 一、单项选择题 ……………………………………………………（ 15 ）
 二、多项选择题 ……………………………………………………（ 17 ）
 三、判断题 …………………………………………………………（ 20 ）
 四、计算及账务处理题 ……………………………………………（ 21 ）

第四章 对外投资 ………………………………………………………（ 25 ）
 一、单项选择题 ……………………………………………………（ 25 ）
 二、多项选择题 ……………………………………………………（ 28 ）
 三、判断题 …………………………………………………………（ 31 ）
 四、计算及账务处理题 ……………………………………………（ 32 ）

第五章 固定资产和无形资产 …………………………………………（ 36 ）
 一、单项选择题 ……………………………………………………（ 36 ）
 二、多项选择题 ……………………………………………………（ 38 ）
 三、判断题 …………………………………………………………（ 41 ）
 四、计算及账务处理题 ……………………………………………（ 42 ）

第六章 负债 ……………………………………………………………（ 45 ）

一、单项选择题 …………………………………………………………（45）
二、多项选择题 …………………………………………………………（47）
三、判断题 ………………………………………………………………（48）
四、计算及账务处理题 …………………………………………………（49）

第七章 所有者权益 …………………………………………………………（54）
一、单项选择题 …………………………………………………………（54）
二、多项选择题 …………………………………………………………（56）
三、判断题 ………………………………………………………………（57）
四、计算及账务处理题 …………………………………………………（58）

第八章 经营成果的形成与分配 ……………………………………………（60）
一、单项选择题 …………………………………………………………（60）
二、多项选择题 …………………………………………………………（63）
三、判断题 ………………………………………………………………（65）
四、计算及账务处理题 …………………………………………………（66）

第九章 财务报表列报 ………………………………………………………（69）
一、单项选择题 …………………………………………………………（69）
二、多项选择题 …………………………………………………………（71）
三、判断题 ………………………………………………………………（72）
四、计算题 ………………………………………………………………（73）

第十章 财务报表分析 ………………………………………………………（76）
一、单项选择题 …………………………………………………………（76）
二、多项选择题 …………………………………………………………（78）
三、判断题 ………………………………………………………………（79）
四、计算题 ………………………………………………………………（80）

模拟试卷（一） ………………………………………………………………（83）
一、单项选择题 …………………………………………………………（83）
二、多项选择题 …………………………………………………………（84）
三、判断题 ………………………………………………………………（85）
四、计算及账务处理题 …………………………………………………（85）

模拟试卷（二） ………………………………………………………………（88）
一、单项选择题 …………………………………………………………（88）
二、多项选择题 …………………………………………………………（89）
三、判断题 ………………………………………………………………（90）
四、计算及账务处理题 …………………………………………………（90）

模拟试卷（三） ………………………………………………………………（93）

一、单项选择题 ………………………………………………（ 93 ）
　　二、多项选择题 ………………………………………………（ 94 ）
　　三、判断题 ……………………………………………………（ 95 ）
　　四、计算及账务处理题 ………………………………………（ 96 ）
模拟试卷（四） …………………………………………………（ 98 ）
　　一、单项选择题 ………………………………………………（ 98 ）
　　二、多项选择题 ………………………………………………（ 99 ）
　　三、判断题 ……………………………………………………（100）
　　四、计算及账务处理题 ………………………………………（100）
附录　自测题、案例分析与补充阅读 ……………………………（102）
　　附录一：会计学自测题（单项选择题）……………………（102）
　　附录二：案例分析 …………………………………………（114）
　　附录三：补充阅读 …………………………………………（124）
　　附录四：财务报告综合练习 ………………………………（129）

第二篇　参考答案

第一章　总论 ……………………………………………………（135）
　　一、单项选择题 ………………………………………………（135）
　　二、多项选择题 ………………………………………………（135）
　　三、判断题 ……………………………………………………（135）
第二章　会计核算系统 …………………………………………（136）
　　一、单项选择题 ………………………………………………（136）
　　二、多项选择题 ………………………………………………（136）
　　三、判断题 ……………………………………………………（136）
　　四、计算及账务处理题 ………………………………………（137）
第三章　流动资产 ………………………………………………（140）
　　一、单项选择题 ………………………………………………（140）
　　二、多项选择题 ………………………………………………（140）
　　三、判断题 ……………………………………………………（140）
　　四、计算及账务处理题 ………………………………………（140）
第四章　对外投资 ………………………………………………（146）
　　一、单项选择题 ………………………………………………（146）
　　二、多项选择题 ………………………………………………（146）
　　三、判断题 ……………………………………………………（146）

四、计算及账务处理题 ………………………………………………（147）
第五章　固定资产和无形资产 ………………………………………（152）
　　一、单项选择题 …………………………………………………（152）
　　二、多项选择题 …………………………………………………（152）
　　三、判断题 ………………………………………………………（152）
　　四、计算及账务处理题 …………………………………………（152）
第六章　负债 ………………………………………………………（157）
　　一、单项选择题 …………………………………………………（157）
　　二、多项选择题 …………………………………………………（157）
　　三、判断题 ………………………………………………………（157）
　　四、计算及账务处理题 …………………………………………（158）
第七章　所有者权益 ………………………………………………（163）
　　一、单项选择题 …………………………………………………（163）
　　二、多项选择题 …………………………………………………（163）
　　三、判断题 ………………………………………………………（163）
　　四、计算及账务处理题 …………………………………………（164）
第八章　经营成果的形成与分配 …………………………………（166）
　　一、单项选择题 …………………………………………………（166）
　　二、多项选择题 …………………………………………………（166）
　　三、判断题 ………………………………………………………（166）
　　四、计算及账务处理题 …………………………………………（167）
第九章　财务报表列报 ……………………………………………（171）
　　一、单项选择题 …………………………………………………（171）
　　二、多项选择题 …………………………………………………（171）
　　三、判断题 ………………………………………………………（171）
　　四、计算题 ………………………………………………………（172）
第十章　财务报表分析 ……………………………………………（173）
　　一、单项选择题 …………………………………………………（173）
　　二、多项选择题 …………………………………………………（173）
　　三、判断题 ………………………………………………………（173）
　　四、计算题 ………………………………………………………（173）
模拟试卷（一） ……………………………………………………（176）
　　一、单项选择题 …………………………………………………（176）
　　二、多项选择题 …………………………………………………（176）
　　三、判断题 ………………………………………………………（176）

四、计算及账务处理题 …………………………………………………（176）
模拟试卷（二）………………………………………………………………（179）
　　一、单项选择题 …………………………………………………………（179）
　　二、多项选择题 …………………………………………………………（179）
　　三、判断题 ………………………………………………………………（179）
　　四、计算及账务处理题 …………………………………………………（179）
模拟试卷（三）………………………………………………………………（182）
　　一、单项选择题 …………………………………………………………（182）
　　二、多项选择题 …………………………………………………………（182）
　　三、判断题 ………………………………………………………………（182）
　　四、计算及账务处理题 …………………………………………………（182）
模拟试卷（四）………………………………………………………………（185）
　　一、单项选择题 …………………………………………………………（185）
　　二、多项选择题 …………………………………………………………（185）
　　三、判断题 ………………………………………………………………（185）
　　四、计算及账务处理题 …………………………………………………（185）
附录　自测题、案例分析与补充阅读 ……………………………………（188）

第一篇

习 题

第一篇

总 论

第一章

总　论

一、单项选择题

1. 会计从生产职能中分离出来成为独立职能的时点为（　　）。
   A. 阶级出现之后　　　　　　　　B. 复式簿记出现之后
   C. 市场经济出现之后　　　　　　D. 剩余产品出现之后

2. 下列各项中，属于会计基本职能的是（　　）。
   A. 会计预算与考核　　　　　　　B. 会计预测与决策
   C. 会计分析与评价　　　　　　　D. 会计核算与监督

3. 下列各项中，对会计主体表述恰当的是（　　）。
   A. 一个会计主体必然是一个法律主体
   B. 会计主体确立了会计核算的时间范围
   C. 会计主体确立了会计核算的空间范围
   D. 会计主体为会计核算提供了计量手段

4. 会计核算中权责发生制和收付实现制产生的基础是（　　）。
   A. 会计主体　　　　　　　　　　B. 持续经营
   C. 会计分期　　　　　　　　　　D. 货币计量

5. 财务会计作为信息传递手段的媒介是（　　）。
   A. 原始凭证和记账凭证　　　　　B. 序时账簿和分类账簿
   C. 财务报表为核心的财务报告　　D. 证、账、表为核心的通知公告

6. 下列关于损失的表述中正确的是（　　）。
   A. 损失可能源于非日常经营活动
   B. 损失一定源于非日常经营活动
   C. 损失一定会影响当期的净利润
   D. 损失一定会影响当期的所有者权益

7. 企业在对会计要素进行计量时，一般应当采用的计量模式为（　　）。
   A. 历史成本/名义货币　　　　　　B. 现行成本/名义货币
   C. 历史成本/不变购买力　　　　　D. 现行成本/不变购买力

8. 下列信息使用者中，不属于外部信息使用者的是（　　）。
   A. 企业员工　　　　　　　　　B. 税务部门
   C. 潜在投资者　　　　　　　　D. 企业的产品经销商

9. 企业应当以实际发生的交易或者事项为依据进行确认、计量和报告，体现的会计信息质量要求是（　　）。
   A. 可靠性　　　　　　　　　　B. 相关性
   C. 可比性　　　　　　　　　　D. 重要性

10. 企业提供的会计信息应有助于财务会计报告使用者对企业过去、现在或者未来的情况作出评价或者预测，体现的会计信息质量要求是（　　）。
    A. 相关性　　　　　　　　　　B. 可靠性
    C. 可理解性　　　　　　　　　D. 及时性

11. 下列表述中，能够保证同一企业会计信息前后各期可比的是（　　）。
    A. 对于已经发生的交易或事项，应当及时进行会计确认、计量和报告
    B. 存货的计价方法一经确定，不得随意改变，如需变更，应在财务报告中说明
    C. 为了提高会计信息质量，要求企业所提供的会计信息能够在同一会计期间不同企业之间进行相互比较
    D. 对于已经发生的交易或事项进行会计确认、计量和报告时不应高估资产或者收益、低估负债或者费用

12. 售后回购业务，在销售时不确认收入的会计处理主要体现的会计信息质量特征是（　　）。
    A. 可比性　　　　　　　　　　B. 可靠性
    C. 重要性　　　　　　　　　　D. 实质重于形式

13. 甲公司 2018 年 5 月份购入了一批原材料，会计人员 11 月份才入账，该事项违背的会计信息质量要求是（　　）。
    A. 相关性　　　　　　　　　　B. 客观性
    C. 及时性　　　　　　　　　　D. 明晰性

14. 企业提供的会计信息应当清晰明了，便于财务会计报告使用者理解和使用，体现的会计信息质量要求是（　　）。
    A. 相关性　　　　　　　　　　B. 可靠性
    C. 及时性　　　　　　　　　　D. 可理解性

15. 下列会计核算中，不能体现实质重于形式原则的是（　　）。
    A. 材料按计划成本进行日常核算
    B. 融资租入固定资产视同自有固定资产
    C. 售后租回方式销售商品不确认销售收入
    D. 售后回购方式销售商品不确认销售收入

二、多项选择题

1. 我国企业财务报告的目标是提供与企业财务状况、经营成果和现金流量等有关的会计信息,反映企业管理层受托责任履行情况,有助于财务报告使用者作出经济决策,其中的财务报告使用者包括(　　)。
   A. 银行　　　　　　　　　　B. 政府
   C. 债权人　　　　　　　　　D. 投资者

2. 会计核算职能是指以货币为主要计量单位,从数量上反映特定主体已经发生的经济活动,为相关会计信息使用者提供决策所需的会计信息,其包括的环节有(　　)。
   A. 确认　　　　　　　　　　B. 计量
   C. 记录　　　　　　　　　　D. 报告

3. 企业向投资者、债权人等外部信息使用者提供的会计信息应具有的特征包括(　　)。
   A. 会计信息是以货币进行计量的信息
   B. 会计信息主要是以货币进行计量的信息
   C. 会计信息可以连续、综合地揭示企业经济活动情况
   D. 会计信息可以连续、综合地揭示企业经济活动的全部情况

4. 财务会计报告目标主要解决的问题包括(　　)。
   A. 向谁提供信息　　　　　　B. 为何提供信息
   C. 提供哪些信息　　　　　　D. 如何提供信息

5. 下列组织中可以作为一个会计主体进行核算的有(　　)。
   A. 分公司　　　　　　　　　B. 子公司
   C. 集团公司　　　　　　　　D. 驻京办事处

6. 会计核算可以采用的量度包括(　　)。
   A. 货币量度　　　　　　　　B. 实物量度
   C. 劳动量度　　　　　　　　D. 空间量度

7. 会计计量属性主要包括(　　)。
   A. 现值　　　　　　　　　　B. 重置成本
   C. 历史成本　　　　　　　　D. 可变现净值

8. 根据可比性的要求,为了企业前后各期会计信息相互可比,企业应做到(　　)。
   A. 选择会计政策后不得改变
   B. 选择会计政策后可以任意改变
   C. 有关法规发生变化,要求企业变更会计政策时可以改变
   D. 改变会计政策后能够提供更可靠、更相关的会计信息时可以改变

9. 在会计核算中，能够体现稳健性原则的会计方法有（　　）。
   A. 加速折旧　　　　　　　　　　B. 计提坏账准备
   C. 计提存货跌价准备　　　　　　D. 历史成本计量固定资产

10. 我国企业会计准则体系包括（　　）。
    A. 基本准则　　　　　　　　　　B. 具体准则
    C. 应用指南　　　　　　　　　　D. 解释公告

11. 下列关于历史成本的评价，正确的有（　　）。
    A. 相关性不强
    B. 能够被核实和验证
    C. 数据容易取得、快捷
    D. 方便会计处理

12. 下列各项中，属于会计规范体系的有（　　）。
    A. 会计工作基础规范　　　　　　B. 企业会计准则（2006）
    C. 中华人民共和国会计法　　　　D. 中华人民共和国公司法

三、判断题

1. 会计的产生是基于对人类生产活动进行管理的客观需要。（　　）
2. 我国企业财务会计报告目标既要满足外部利害关系人的决策需要，又要满足解除受托责任的需要。（　　）
3. 会计目标仅对外部会计信息者有效，与内部管理者受托责任无关。（　　）
4. 企业提供的会计信息只用来满足企业内部经营管理者的需要。（　　）
5. 会计是以货币为唯一计量单位，反映和监督一个单位经济活动的一种经济管理工作。（　　）
6. 货币计量假设中隐含了币值稳定假设。（　　）
7. 企业在对会计要素进行计量时，一般应当采用历史成本。在某些情况下，为了提高会计信息质量，实现财务报告目标，企业会计准则允许采用重置成本、可变现净值、现值、公允价值计量的，应当保证所确定的会计要素金额能够取得并可靠计量。如果这些金额无法取得或者可靠地计量的，则不允许采用其他计量属性。（　　）
8. 在会计信息质量要求中，相关性以可靠性为基础，会计信息在可靠性前提下，尽可能地做到相关性，以满足投资者等财务报告使用者的决策需要。（　　）
9. 企业在会计核算过程中，既要注重经济交易和事项的经济实质，也应考虑其法律形式，当两者不一致时，应以法律形式为依据进行确认、计量和报告。（　　）
10. 判断某一事项是否具有重要性时，应该从质和量两个方面来分析，这在很大程度上取决于会计人员的职业判断。（　　）

11. 处置固定资产的收益会导致经济利益流入，因此它属于准则所定义的"收入"范畴。（   ）

12. 对于某一会计主体而言，费用可以表现为资产的减少或负债、所有者权益的增加，或者两者兼而有之。（   ）

13. FASB 和 IASB 的联合概念框架对会计信息质量的基本要求是相关性和可靠性。（   ）

14. 及时性是会计信息具有相关性的一个基本条件，它可能同会计信息的可靠性发生冲突。（   ）

15. 会计人员实际工作中只需要执行企业会计准则，可以不考虑会计法等其他法律法规的约束。（   ）

第二章

会计核算系统

一、单项选择题

1. 下列各项中，属于反映企业经营成果的会计要素是（　　）。
   A. 资产　　　　　　　　　　B. 负债
   C. 利润　　　　　　　　　　D. 所有者权益
2. 下列各项关于资产的表述中，错误的是（　　）。
   A. 由企业拥有或控制　　　　B. 是过去的交易或事项形成的
   C. 预期会给企业带来经济利益　　D. 必须能为企业带来经济利益的流入
3. 体现借贷记账法基本理论的会计等式是（　　）。
   A. 资产 = 负债 + 所有者权益　　B. 收入 - 费用 = 利润
   C. 资产 - 负债 = 所有者权益　　D. 收入 = 费用 + 利润
4. 借贷记账法的理论基础是（　　）。
   A. 会计要素　　　　　　　　B. 会计原则
   C. 会计等式　　　　　　　　D. 复式记账法
5. 在借贷记账法下，每一项经济业务的发生，都会影响（　　）账户发生增减变化。
   A. 一个　　　　　　　　　　B. 两个
   C. 全部　　　　　　　　　　D. 两个或更多
6. 根据借贷记账法的账户结构，在账户贷方登记的是（　　）。
   A. 负债的增加　　　　　　　B. 收入的减少
   C. 费用的增加　　　　　　　D. 所有者权益的减少
7. 动态会计要素之间的关系，用会计等式表示为（　　）。
   A. 资产 = 权益
   B. 收入 - 费用 = 利润
   C. 资产 = 负债 + 所有者权益
   D. 资产 + 费用 = 负债 + 所有者权益 + 收入

8. "应收账款"账户的期初余额为 8 000 元，本期借方发生额为 5 000 元，本期贷方发生额为 9 000 元，该账户期末余额为（   ）元。

  A. 4 000   B. 12 000

  C. 16 000   D. 14 000

9. 下列成本（费用）类账户中，可能有借方余额的是（   ）。

  A. 生产成本   B. 管理费用

  C. 销售费用   D. 财务费用

10. 下列各项交易中，不会引起资产类账户金额一增一减的是（   ）。

  A. 偿还欠款 50 000 元

  B. 投资 800 000 元开办新的公司

  C. 用银行存款购买 3 000 元的国库券

  D. 用银行存款购买价值 20 000 元的原材料

11. 下列经济业务中，应填制转账凭证的是（   ）。

  A. 收回应收账款   B. 生产领用原材料

  C. 用现金支付办公费   D. 用银行存款偿还短期借款

12. 现金和银行存款日记账应根据有关凭证（   ）。

  A. 逐日汇总登记   B. 逐日逐笔登记

  C. 定期汇总登记   D. 一次汇总登记

13. 按照会计信息提供的详略程度的不同，会计账簿可以分为（   ）。

  A. 总账和明细账   B. 总账和日记账

  C. 活页账和订本账   D. 三栏式账户和多栏式账户

14. 下列明细账中，应采用多栏式明细分类账的是（   ）。

  A. 原材料明细账   B. 库存商品明细账

  C. 管理费用明细账   D. 固定资产明细账

15. 将账簿划分为序时账簿、分类账簿和备查账簿的依据是（   ）。

  A. 账簿的用途   B. 账簿的登记方式

  C. 账簿登记的内容   D. 账簿的外表形式

16. 账实核对是指（   ）。

  A. 各种账户有关指标的核对

  B. 将账户记录与记账凭证内容相核对

  C. 将账户记录与原始凭证内容相核对

  D. 将各种财产物资的账面余额与实存数额相核对

17. 在下列有关账项核对中，不属于账账核对的内容是（   ）。

  A. 银行存款日记账余额与其总账余额的核对

  B. 应收账款明细账与"往来款项对账单"回函的核对

  C. 总账账户贷方余额合计与其明细账贷方余额合计的核对

D. 总账账户借方发生额合计与其明细账借方发生额合计的核对

18. 对应收账款进行清查时应采用的方法是（   ）。
    A. 函证法   B. 实地盘点法
    C. 技术推算法   D. 与记账凭证核对

19. 银行存款的清查，就是核对（   ）。
    A. 银行存款日记账和总分类账
    B. 银行存款日记账和银行对账单
    C. 银行存款日记账和银行存款收、付款凭证
    D. 银行存款总分类账与银行存款收、付款凭证

20. 某公司在遭受洪灾后，对其受损的财产物资进行的清查，属于（   ）。
    A. 局部清查和定期清查   B. 全面清查和定期清查
    C. 局部清查和不定期清查   D. 全面清查和不定期清查

二、多项选择题

1. 下列各项中，属于资产类会计科目的有（   ）。
    A. 预付账款   B. 预收账款
    C. 利润分配   D. 长期股权投资

2. 下列各项中，属于反映企业经营成果的会计要素有（   ）。
    A. 收入   B. 费用
    C. 利润   D. 制造费用

3. 会计核算的基本前提（或基本假设）包括（   ）。
    A. 会计主体   B. 货币计量
    C. 持续经营   D. 会计期间

4. 由于权责发生制是根据经济业务的发生与否来确认本期收入或费用，因此会形成的会计事项包括（   ）。
    A. 应收   B. 预付
    C. 预收   D. 应付

5. 账户可以提供的金额指标包括（   ）。
    A. 期初余额   B. 期末余额
    C. 本期减少发生额   D. 本期增加发生额

6. 下列对借贷记账法记账规则的描述中，错误的有（   ）。
    A. 资产内部有增有减，总额减少
    B. 权益内部有增有减，总额不变
    C. 资产与权益同时减少，总额不变
    D. 资产与权益同时增加，总额不变

7. 企业向银行借款，引起会计要素变化的包括（　　）。
   A. 资产增加　　　　　　　　　B. 负债减少
   C. 负债增加　　　　　　　　　D. 所有者权益增加
8. 登记总账和明细账时必须采用平行登记法，使明细账与总账之间做到（　　）。
   A. 详简程度相同　　　　　　　B. 记账方向相同
   C. 记账金额相等　　　　　　　D. 记账期间相同
9. 下列会计凭证中，属于自制原始凭证的有（　　）。
   A. 购货发票　　　　　　　　　B. 印花税票
   C. 材料领料单　　　　　　　　D. 实存账存对比表
10. 下列账簿可采用三栏式账页的有（　　）。
    A. 材料明细账　　　　　　　　B. 其他应收款总账
    C. 库存商品明细账　　　　　　D. 银行存款日记账
11. 下列明细账中，应采用数量金额式明细分类账的有（　　）。
    A. 原材料明细账　　　　　　　B. 包装物明细账
    C. 库存商品明细账　　　　　　D. 管理费用明细账
12. 对账的内容包括（　　）。
    A. 账证核对　　　　　　　　　B. 账账核对
    C. 账实核对　　　　　　　　　D. 原始凭证与记账凭证的核对
13. 财产清查中发现的财产物资的实存数与账存数不一致的情况包括（　　）。
    A. 盘盈　　　　　　　　　　　B. 盘亏
    C. 毁损　　　　　　　　　　　D. 以上都不是

三、判断题

1. 会计对象可以概括为企业资金的运动过程及其结果。　　　　　　　（　　）
2. 收入是指企业日常活动中形成的、所有会导致所有者权益增加的经济利益的总流入。　　　　　　　　　　　　　　　　　　　　　　　　　　　　（　　）
3. 所有的企业法人都是会计主体，所有的会计主体也一定是独立法人。（　　）
4. 我国的会计分期是以年为单位，并以日历年度作为企业的会计年度。（　　）
5. 货币计量这一前提是建立在货币本身的价值不断变化基础之上的，它奠定了公允价值会计模式的基础。　　　　　　　　　　　　　　　　　　　　（　　）
6. 我国企业会计准则规定"企业应当以收付实现制为基础进行会计确认、计量和报告"。　　　　　　　　　　　　　　　　　　　　　　　　　　　（　　）
7. 对会计要素的具体内容进行分类核算的是会计账户，而账户的名称就是会计科目。　　　　　　　　　　　　　　　　　　　　　　　　　　　　（　　）
8. 账户的期末余额方向通常和记录增加的发生额一方在同一方向。　　（　　）
9. 在借贷记账法下，"借"字具有双层含义，即它一方面可以表示资产、费用

的增加，另一方面又可以表示负债、所有者权益和收入的减少。（　）

10. 借贷记账法下进行发生额试算平衡，若借贷双方不平衡，说明记账肯定是错误的，若借贷双方平衡了，说明记账没有错误。（　）

11. 企业将现金存入银行或从银行提取现金，只编制收款凭证，不编制付款凭证。（　）

12. 会计档案在保管期满后都应销毁。（　）

13. 造成账实不符的原因是工作上的差错。（　）

14. 全面清查主要是对货币资金、存货等流动性较大的财产的清查。（　）

15. 对于单位价值低、难以准确计量的大宗物资可采用技术推算法进行清查。（　）

四、计算及账务处理题

1. 甲公司系增值税一般纳税人，2018年1月发生了下列经济业务：

（1）5日，收到乙公司前欠货款28 000元，款项已收存银行。

（2）9日，从丙银行取得短期借款68 000元，款项已收存银行。

（3）15日，接受丁公司捐赠的现金8 400元。

（4）17日，接受戊公司的投资款共计74 000元，款项已收存银行（假定全部为实收资本）。

（5）27日，以银行存款购置不需安装的一台A机器，取得的增值税专用发票注明的价款为30 000元，增值税税额为5 100元。该设备已运达并投入使用。

（6）30日，销售产品一批，开出的增值税专用发票注明的价款为100 000元，增值税税额为17 000元，款项已收存银行。

（7）31日，通过开户银行代发工资200 000元。

要求：

根据借贷记账法原理，分析确定各项经济业务应借、应贷账户的名称和金额，并逐笔编制会计分录。

2. 甲公司2018年5月有关账户的期初余额、本期发生额和期末余额情况如下表所示。

单位：元

账户名称	期初余额	借方发生额	贷方发生额	期末余额
银行存款	300 000	（1）40 000 （2）10 000	（3）100 000 （4）80 000	（5）
原材料	40 000	（1）30 000 （3）	（2）3 000 （4）10 000	（5）100 000
固定资产	280 000	（1）200 000 （2）120 000	（3）70 000 （4）	（5）400 000

续表

账户名称	期初余额	借方发生额	贷方发生额	期末余额
短期借款	300 000	(1) 200 000 (2) 300 000	(3) 800 000 (4) 70 000	(5)
应付账款	170 000	(1) 30 000 (2)	(3) 50 000	(4) 90 000
管理费用	0	(1) 5 000 (2) 30 000	(3)	(4)
销售费用	0	(1) 7 000 (2)	(3) 80 000 (4) 21 000	(5)

要求：
根据所给的资料计算出各账户的相关金额。

3. 甲公司会计人员在2017年年末结账前进行对账时，查找出以下错账：

(1) 分配生产工人工资67 000元，编制的会计分录为：
借：生产成本　　　　　　　　　　　　　　　　67 000
　　贷：应付职工薪酬　　　　　　　　　　　　　　67 000
在过账时，"生产成本"账户记录为76 000元。

(2) 用银行存款支付职工生活困难补助3 000元，编制的会计分录为：
借：管理费用　　　　　　　　　　　　　　　　3 000
　　贷：库存现金　　　　　　　　　　　　　　　　3 000

(3) 计提管理部门使用的固定资产折旧费1 200元，编制的会计分录为：
借：管理费用　　　　　　　　　　　　　　　　12 000
　　贷：累计折旧　　　　　　　　　　　　　　　　12 000

(4) 用现金支付工人工资54 000元，编制的会计分录为：
借：应付职工薪酬　　　　　　　　　　　　　　5 400
　　贷：库存现金　　　　　　　　　　　　　　　　5 400

要求：
(1) 指出对上述错账应采用何种更正方法。
(2) 编制错账更正的会计分录。

序号	应采用的更正方法	错账更正的会计分录
(1)		
(2)		
(3)		
(4)		

4. 甲公司 2018 年 3 月的相关资料如下:
(1) 2018 年 3 月初会计科目的余额如下表所示。

甲公司会计科目余额表

2018 年 3 月 1 日
单位: 元

会计科目	借方余额	贷方余额
银行存款	35 500	
应收账款	56 000	
原材料	28 500	
短期借款		40 500
应付账款		37 000
实收资本		42 500
合计	120 000	120 000

(2) 甲公司 3 月发生如下经济业务:
① 5 日,收回乙公司应收账款 46 800 元并存入银行。
② 10 日,用银行存款购入原材料,购买价款为 40 000 元(甲公司材料采用实际成本进行日常核算),原材料已验收入库。
③ 15 日,用银行存款偿还丙银行短期借款 13 000 元。
④ 20 日,用银行存款偿还应付丁公司账款 10 000 元。
⑤ 25 日,收到戊公司追加投资 51 000 元并存入银行(假定全部为实收资本)。
⑥ 不考虑其他因素。

要求:
(1) 编制上述业务的会计分录。
(2) 编制甲公司 3 月 31 日的试算平衡表。

第三章

流动资产

一、单项选择题

1. 公司库存现金的限额一般应当维持其日常开支的时限为（   ）。
   A. 3～5 天   B. 1 个月
   C. 3 个月   D. 6 个月

2. 企业发现现金短款属于无法查明的其他原因，按照管理权限经批准处理时，应借记的会计科目是（   ）。
   A. 管理费用   B. 财务费用
   C. 其他应收款   D. 其他应付款

3. 根据《银行账户管理办法》的规定，一个企业只能选择一家银行的一个营业机构开立一个（   ）。
   A. 专用存款账户   B. 临时存款账户
   C. 一般存款账户   D. 基本存款账户

4. 公司编制银行存款余额调节表的要求一般为（   ）。
   A. 由会计每年核对一次
   B. 指定出纳定期每月核对
   C. 指定专人定期核对账户，每月至少核对一次
   D. 指定专人定期核对账户，每年至少核对一次

5. 对于银行已经入账而企业尚未入账的未达账项，企业正确的处理方法是（   ）。
   A. 待有关结算凭证到达后入账
   B. 根据"银行对账单"记录的金额编制记账凭证
   C. 根据编制的"银行存款余额调节表"编制记账凭证入账
   D. 根据"银行存款余额调节表"和"银行对账单"编制记账凭证入账

6. 下列各项中，不通过其他货币资金核算的是（   ）。
   A. 商业汇票   B. 信用卡存款
   C. 银行汇票存款   D. 银行本票存款

7. 企业发生下列各项交易或事项，不得通过"其他应收款"科目核算的是（　　）。

    A. 备用金　　　　　　　　　　B. 预借差旅费

    C. 应收的各种罚款　　　　　　D. 拨出用于投资的款项

8. 企业对已存入证券公司但尚未进行证券投资的现金进行会计处理时，应借记的会计科目是（　　）。

    A. 银行存款　　　　　　　　　B. 其他应收款

    C. 其他货币资金　　　　　　　D. 交易性金融资产

9. 下列情形中，不违背货币资金内部控制规定的"确保办理货币资金业务的不相容岗位相互分离、制约和监督"原则的是（　　）。

    A. 由出纳人员兼任会计档案保管工作

    B. 由出纳人员保管签发支票所需全部印章

    C. 由出纳人员兼任收入总账和明细账的登记工作

    D. 由出纳人员兼任固定资产总账和明细账的登记工作

10. 企业将款项汇往异地银行开立采购专户，应编制的会计分录为（　　）。

    A. 借记"应收账款"科目，贷记"银行存款"科目

    B. 借记"其他应收款"科目，贷记"银行存款"科目

    C. 借记"材料采购"科目，贷记"其他货币资金"科目

    D. 借记"其他货币资金"科目，贷记"银行存款"科目

11. 在总价法下，应收账款入账价值中不应包括（　　）。

    A. 增值税销项税额　　　　　　B. 给予客户的商业折扣

    C. 代购买方垫付的运杂费　　　D. 可能给予客户的现金折扣

12. 企业对应收账款采用总价法核算，发生的现金折扣应借记的会计科目是（　　）。

    A. 管理费用　　　　　　　　　B. 财务费用

    C. 营业外支出　　　　　　　　D. 销售费用

13. 甲公司2018年2月10日因销售商品应收乙公司的一笔应收账款200万元，2018年12月31日，该笔应收账款出现了减值迹象，经减值测试其未来现金流量现值为190万元，在此之前未计提坏账准备，2018年12月31日甲公司应当为该笔应收款项应计提的坏账准备金额为（　　）万元。

    A. 0　　　　　　　　　　　　　B. 10

    C. 15　　　　　　　　　　　　D. 20

14. 下列项目中，不应计入工业企业存货成本的是（　　）。

    A. 进口原材料的运输费　　　　B. 生产过程中发生的制造费用

    C. 为特定客户设计产品的设计费　D. 非正常消耗的直接材料和直接人工

15. 下列各项与原材料相关的损失中，应计入营业外支出的是（　　）。
    A. 计量差错引起的盘亏　　　　B. 人为责任造成的损失
    C. 自然灾害造成的损失　　　　D. 运输途中发生的合理损耗

16. 下列费用中，不应包括在存货成本中的是（　　）。
    A. 库存商品发生的仓储费用
    B. 商品流通企业进口商品支付的关税
    C. 商品流通企业为采购商品发生的运费
    D. 制造企业为生产产品发生的人工费用

17. 在物价持续上涨的情况下，存货采用先进先出法计价，对企业的影响为（　　）。
    A. 期末存货升高，当期利润减少
    B. 期末存货升高，当期利润增加
    C. 期末存货降低，当期利润增加
    D. 期末存货降低，当期利润减少

18. 甲公司系增值税小规模纳税人，本期购买材料一批，购买价格为 50 000 元，增值税税额为 9 500 元。入库前发生的挑选整理费用为 500 元，该批原材料入账价值为（　　）元。
    A. 50 000　　　　　　　　　　B. 59 000
    C. 59 500　　　　　　　　　　D. 60 000

19. 甲公司某存货期初实际成本为 150 万元，期初"存货跌价准备"账户贷方余额为 4 万元。本期购入该产品实际成本 55 万元，领用 100 万元。期末，该产品可变现净值为 95 万元。则本期应计提的存货跌价准备为（　　）万元。
    A. 6　　　　　　　　　　　　B. 9
    C. 10　　　　　　　　　　　 D. 15

20. 下列各项经济业务中，不会引起期末存货账面价值发生增减变动的是（　　）。
    A. 已发出商品但尚未确认销售
    B. 已确认销售但尚未发出商品
    C. 货物已到，但期末尚未收到单据
    D. 已收到发票账单并付款但尚未收到材料

二、多项选择题

1. 下列属于现金使用范围的有（　　）。
    A. 用现金支付职工工资共 500 000 元
    B. 出差人员随身携带差旅费 20 000 元现金
    C. 购买电脑显示器使用现金支付 12 500 元
    D. 向个人收购农副产品和其他物资支付 5 000 元现金

2. 下列各项支付方式中，采用银行存款账户核算的业务有（   ）。
   A. 支票   B. 汇兑
   C. 银行承兑汇票   D. 商业承兑汇票

3. 下列各项中，属于其他货币资金的有（   ）。
   A. 银行存款   B. 外埠存款
   C. 库存现金   D. 信用卡存款

4. 一般说来，货币资金的管理和控制应当遵循的原则包括（   ）。
   A. 严格职责分工   B. 实行交易分开
   C. 实施内部稽核   D. 实施定期轮岗制度

5. 下列各项中，违背有关货币资金内部控制要求的有（   ）。
   A. 采购人员超过授权限额采购原材料
   B. 未经授权的机构或人员直接接触企业资金
   C. 出纳人员长期保管办理付款业务所使用的全部印章
   D. 出纳人员兼任会计档案保管工作和债权债务登记工作

6. 下列各项中使得企业银行存款日记账余额小于银行对账单余额的有（   ）。
   A. 银行代扣水电费
   B. 企业开出支票，银行尚未收到
   C. 银行误将其他公司的存款计入本企业银行存款账户
   D. 银行收到委托收款结算方式下结算款项，企业尚未收到通知

7. 下列各项中可以记入"应收账款"账户的有（   ）。
   A. 现金折扣   B. 销售商品价款
   C. 销售商品的增值税款   D. 代购货单位垫付的运杂费

8. 企业收到的票据，不能通过"应收票据"会计科目核算的有（   ）。
   A. 银行本票存款   B. 银行承兑汇票
   C. 银行汇票存款   D. 商业承兑汇票

9. 企业的预付账款核算时可以应用的会计科目有（   ）。
   A. 预付账款   B. 应付账款
   C. 应收账款   D. 其他应收款

10. 企业采用备抵法对应收款项坏账进行核算，本期以下项目应记入"坏账准备"科目贷方的有（   ）。
    A. 计提坏账准备
    B. 发生的坏账损失
    C. 冲销多余的坏账准备
    D. 已经作为坏账核销的应收账款又收回

11. 下列有关存货期末计量的表述，正确的有（   ）。
    A. 存货跌价准备一经计提不得转回

B. 企业计提的存货跌价准备应当计入当期损益

C. 资产负债表日，存货应当按照成本与可变现净值孰低计量

D. 当有迹象表明存货发生减值时，企业应于期末计算存货的可变现净值，计提存货跌价准备

12. 下列各项中，应在"坏账准备"账户贷方反映的有（　　）。

   A. 提取的坏账准备

   B. 发生的坏账损失

   C. 冲回多提的坏账准备

   D. 收回已确认为坏账并转销的应收账款

13. 下列项目中，属于存货的有（　　）。

   A. 委托代销商品　　　　　　　B. 委托加工材料

   C. 受托代销商品　　　　　　　D. 已签订购货合同的商品

14. 下列各项中，属于存货采购成本的有（　　）。

   A. 采购价格　　　　　　　　　B. 入库前的挑选整理费

   C. 运输途中的合理损耗　　　　D. 运输途中因遭受灾害发生的损耗

15. 下列各项税金中，应计入增值税一般纳税人存货成本的有（　　）。

   A. 进口原材料交纳的进口关税

   B. 购进材料过程中发生的定额内的合理损耗

   C. 由受托方代扣代缴的委托加工直接用于对外销售的商品负担的消费税

   D. 由受托方代扣代缴的委托加工继续用于生产应纳消费税的商品负担的消费税

16. 存货发出的计价方法有（　　）。

   A. 先进先出法　　　　　　　　B. 个别计价法

   C. 加权平均法　　　　　　　　D. 移动加权平均法

17. 盘亏存货的处理结果可能记入（　　）。

   A. "生产成本"账户的借方　　　B. "管理费用"账户的借方

   C. "其他应收款"账户的借方　　D. "营业外支出"账户的借方

18. 下列情形中，表明存货发生减值的有（　　）。

   A. 材料价格的下降表明产成品的可变现净值低于成本

   B. 原材料市价持续下跌，并且在可预见的未来无回升的希望

   C. 因企业所提供的商品或劳务过时，导致其市场价格逐渐下跌

   D. 企业因产品换代，库存原材料已不适应新产品需要，而该原材料市场价格又低于其账面成本

19. 下列关于"成本与可变现净值孰低法"的表述中，正确的有（　　）。

   A. 其"成本"是指存货的历史成本

   B. 其"可变现净值"是指存货的现行售价

C. 当成本低于可变现净值时，存货按成本计价
D. 当可变现净值低于成本时，存货按可变现净值计价

三、判断题

1. "库存现金"账户反映企业的库存现金，包括企业内部各部门周转使用、由各部门保管的定额备用金。（ ）
2. 为了简化现金收支手续，企业可随时坐支现金。（ ）
3. 为了减员增效，企业的出纳人员除登记现金和银行存款日记账外，还可以进行债权债务账目的登记工作。（ ）
4. 库存现金的清查包括出纳人员每日清点核对和清查小组定期和不定期清查。（ ）
5. 银行汇票、银行本票和银行承兑汇票都是由银行签发的。（ ）
6. 现金溢余如果无法查明原因的应该冲减管理费用金额。（ ）
7. 银行存款余额调节表是调整企业银行存款账面余额的原始凭证。（ ）
8. 银行存款余额调节表调整后的金额是企业实际可以动用的银行存款实有数。（ ）
9. 未达账项，是指银行与企业之间，由于结算凭证传递上的时间差，导致一方已入账而另一方未入账的款项。（ ）
10. 货币资金内部控制的根本目的是保证货币资金的安全，防止其被贪污、侵占和挪用。（ ）
11. 如果企业经营规模较小，可由出纳一人办理货币资金结算的全过程，以提高工作效率。（ ）
12. "坏账准备"账户期末余额在贷方，在资产负债表上列示时，应列示于流动负债项目中。（ ）
13. 已确认为坏账的应收账款，并不意味着企业放弃了其追索权，一旦重新收回，应及时入账。（ ）
14. 商业折扣和现金折扣对应收账款的入账金额均产生实质性影响。（ ）
15. 企业收到的商业承兑汇票，应按票据的面值入账。（ ）
16. 采用总价法时，销售方给予买方的现金折扣，会计上应作为财务费用处理。（ ）
17. 企业应当定期或者至少于每年年度终了，对其他应收款进行检查，预计其可能发生的坏账损失，并计提坏账准备。（ ）
18. 企业坏账准备提取的方法和提取的比例应由国家统一规定。（ ）
19. 存货发出计价方法的选择直接影响着资产负债表中资产总额的多少，而与利润表中净利润的大小无关。（ ）

20. 销售产品结转的存货跌价准备应冲减资产减值损失。　　　　　　(　　)

四、计算及账务处理题

1. 甲公司 2018 年 12 月发生的有关现金清查业务资料如下：

(1) 在 12 月 20 日的现金清查中发现盘盈 150 元。

(2) 12 月 22 日经核查，12 月 20 日盘盈现金中 100 元系少付张浩的补助款，其余现金原因不明，批准列入营业外收入。

(3) 在 12 月 25 日的现金清查中发现现金短缺 605 元，原因不明。

(4) 12 月 27 日经核查，12 月 25 日的现金短缺中 600 元属出纳员私自借款，已经收回；其余 5 元无法查明原因，批准转账。

要求：

(1) 编制甲公司 2018 年 12 月 20 日发现现金盘盈时的会计分录。

(2) 编制甲公司 2018 年 12 月 22 日处理现金盘盈核查结果时的会计分录。

(3) 编制甲公司 2018 年 12 月 25 日发现现金短缺时的会计分录。

(4) 编制甲公司 2018 年 12 月 27 日处理现金短缺核查结果时的会计分录。

2. 甲公司 2018 年 12 月 31 日银行存款日记账余额为 432 万元，银行对账单余额为 664 万元。经逐笔核对，发现以下差异事项：

(1) 甲公司将 12 月 28 日收到的乙公司赔款 480 万元登记入账，但银行尚未记账。

(2) 丙公司尚未将 12 月 29 日收到甲公司开出的金额为 360 万元的支票送存银行。

(3) 甲公司委托银行代收丁公司购货款 384 万元，银行已于 12 月 30 日收妥并登记入账，但甲公司尚未收到收款通知。

(4) 12 月份甲公司发生借款利息 32 万元，银行已减少其存款，但甲公司尚未收到银行的付款通知。

要求：(答案中的金额单位用万元表示)

根据上述资料编制甲公司银行存款余额调节表 (直接填制下表)。

银行存款余额调节表

2018 年 12 月 31 日　　　　　　　　　　　　　　　　　　　　单位：万元

项　　目	金　额	项　　目	金　额
银行存款日记账余额		银行对账单余额	
加：银行已收，企业未收		加：企业已收，银行未收	
减：银行已付，企业未付		减：企业已付，银行未付	
调整后余额		调整后余额	

3. 甲公司系增值税一般纳税人，2018 年 11 月发生下列有关经济业务：

（1）11 月 5 日甲公司向其开户银行申请办理银行汇票 80 000 元，已办妥相关手续，采购员李清持票到外地采购。

（2）11 月 8 日甲公司购入材料一批，取得增值税专用发票上注明的价款为 20 000 元，增值税税额为 3 200 元，材料已验收入库，款项以企业外埠存款支付（采用实际成本法核算）。

（3）11 月 12 日甲公司以信用卡支付办公用品费 3 000 元。

（4）11 月 15 日采购员李清交来购入材料取得的增值税专用发票，价款为 60 000 元，增值税税额为 9 600 元，材料尚未验收入库，款项以银行汇票结算，余款转回企业基本存款账户（采用实际成本法核算）。

（5）11 月 25 日甲公司向证券公司指定银行存入 5 000 000 元，开立投资账户，用于投资购买股票和债券。

要求：

（1）编制甲公司 2018 年 11 月 5 日申请办理银行汇票时的会计分录。

（2）编制甲公司 2018 年 11 月 8 日以外埠存款购入材料时的会计分录。

（3）编制甲公司 2018 年 11 月 12 日用信用卡支付办公用品费时的会计分录。

（4）编制甲公司 2018 年 11 月 15 日以银行汇票采购材料时的会计分录。

（5）编制甲公司 2018 年 11 月 25 日向证券公司指定银行存入款项开立投资账户时的会计分录。

4. 甲公司 2018 年年初坏账准备的余额为 0，年末应收账款余额为 5 000 万元；2019 年甲公司确认坏账损失 18 万元，该年末应收账款余额 4 000 万元；2020 年收回已转销的坏账 10 万元，该年末应收账款余额 6 200 万元。假定甲公司各年所有应收账款的信用风险等级相同，按此信用风险等级估计的坏账准备提取比例为 5‰。

要求：

（1）编制甲公司 2018 年 12 月 31 日计提坏账准备时的会计分录。

（2）编制甲公司 2019 年确认坏账损失时的会计分录。

（3）编制甲公司 2019 年 12 月 31 日计提（或冲销）坏账准备时的会计分录。

（4）编制甲公司 2020 年收回已转销的坏账时的会计分录。

（5）编制甲公司 2020 年 12 月 31 日计提（或冲销）坏账准备时的会计分录。

5. 甲公司系增值税一般纳税人，2018年有关经济业务资料如下：

（1）12月1日应收账款期初余额为120万元，其坏账准备贷方余额为5万元。

（2）12月5日，向乙公司销售产品100件，单价2万元，增值税税率为16%，单位成本1.8万元，款项未收。

（3）12月20日应收丙公司账款发生坏账损失3万元。

（4）12月25日收回丁公司所欠的货款50万元。

（5）12月31日，甲公司所有应收账款的信用风险等级相同，按此信用风险等级估计的坏账准备提取比例为5%。

要求：

（1）编制甲公司2018年12月5日向乙公司销售产品时确认收入的会计分录。

（2）编制甲公司2018年12月5日向乙公司销售产品时结转销售成本的会计分录。

（3）编制甲公司2018年12月20日确认坏账损失时的会计分录。

（4）编制甲公司2018年12月25日收回货款时的会计分录。

（5）编制甲公司2018年12月31日计提（或冲减）坏账准备时的会计分录。

6. 甲公司原材料按实际成本核算。2018年1月1日期初结存A材料100千克，每千克实际成本100元。本月发生如下有关业务：

（1）3日，购入A材料50千克，每千克实际成本105元，材料已验收入库。

（2）12日，购入A材料70千克，每千克实际成本95元，材料已验收入库。

（3）28日，发出A材料170千克。

要求：

（1）计算甲公司先进先出法下1月发出A材料的成本。

（2）计算甲公司先进先出法下1月31日结存A材料的成本。

（3）计算甲公司全月一次加权平均法下1月发出A材料的成本。

（4）计算甲公司全月一次加权平均法下1月31日结存A材料的成本。

7. 甲公司系增值税一般纳税人，2018年12月7日购进A商品一批，发票列明数量共计5 000千克，单价20元，商业折扣为2%，增值税税率为16%，以一张120 000元的银行汇票支付货款，剩余款项已退回。12日到货，验收入库时发现短缺100千克，原因尚未查清。14日经查实上述短缺均属供货方少发，企业向供货方索赔。

要求：

（1）编制甲公司2018年12月7日采购A商品时的会计分录。

（2）编制甲公司2018年12月12日A商品入库时的会计分录。

（3）编制甲公司2018年12月14日查明A商品短缺时的会计分录。

8. 甲公司2018年12月31日存货的账面价值为1 390万元，其具体资料如下：

（1）A产品100件，每件成本10万元，账面总成本1 000万元，其中，40件已与乙公司签订不可撤销的销售合同，销售价格为每件 11 万元，其余未签订销售合同。

A 产品 2018 年 12 月 31 日的市场价格为每件 10.2 万元，预计销售每件 A 产品需要发生的销售费用及相关税金为 0.5 万元。

（2）B 配件 50 套，每套成本为 8 万元，账面总成本 400 万元。B 配件是专门为组装 A 产品而购进的。50 套 B 配件可以组装成 50 件 A 产品。B 配件 2018 年 12 月 31 日的市场价格为每套 9 万元。将 B 配件组装成 A 产品，预计每件还需发生加工成本 2 万元。

2018 年 1 月 1 日，存货跌价准备余额为 30 万元（均为对 A 产品计提的存货跌价准备），2018 年对外销售 A 产品转销存货跌价准备 20 万元。

要求：

（1）计算甲公司 2018 年 12 月 31 日 A 产品应计提的跌价准备。

（2）编制甲公司 2018 年 12 月 31 日 A 产品计提存货跌价准备时的会计分录。

（3）计算甲公司 2018 年 12 月 31 日 B 配件应计提的跌价准备。

（4）编制甲公司 2018 年 12 月 31 日 B 配件计提存货跌价准备时的会计分录。

9. 甲公司系增值税一般纳税人，适用增值税税率为 16%。2018 年 9 月与乙公司签订销售合同：由该公司在 2019 年 3 月 6 日向乙公司销售电子设备 1 000 台，每台 1.5 万元。2018 年 12 月 31 日该公司库存电子设备 1 300 台，每台 1.4 万元。2018 年 12 月 31 日市场销售价格为 1.4 万元，预计销售税费为每台 0.1 万元。2019 年 3 月 6 日根据合同向乙公司销售电子设备 1 000 台；2019 年 4 月 6 日向无销售合同的丙公司销售电子设备 10 台，每台售价 1.2 万元。货款均收到存入银行，以上价格均不含增值税。

要求：

（1）计算甲公司 2018 年 12 月 31 日应计提的存货跌价准备金额。

（2）编制甲公司 2018 年 12 月 31 日计提存货跌价准备的会计分录。

（3）编制甲公司 2019 年 3 月 6 日向乙公司销售电子设备的会计分录。

（4）编制甲公司 2019 年 4 月 6 日向无销售合同的丙公司销售电子设备的会计分录。

第四章

对外投资

一、单项选择题

1. 下列各项中，不属于狭义投资而属于广义投资的是（ ）。
   A. 购买国库券   B. 购置固定资产
   C. 与其他企业联营   D. 购买其他公司的股票

2. 下列各项中，关于交易性金融资产的表述不正确的是（ ）。
   A. 交易性金融资产主要是指企业为了近期内出售而持有的金融资产
   B. 资产负债表日，交易性金融资产的公允价值变动计入投资收益账户
   C. 取得交易性金融资产所发生的相关交易费用应当在发生时计入投资收益
   D. 资产负债表日，交易性金融资产的公允价值变动计入公允价值变动损益账户

3. 下列关于交易性金融资产计量的表述，正确的是（ ）。
   A. 资产负债表日，应将其公允价值变动计入所有者权益
   B. 应当按取得该金融资产的公允价值和相关交易费用之和作为初始确认金额
   C. 应当按取得该金融资产的公允价值作为初始确认金额，相关交易费用在发生时计入当期损益
   D. 处置该金融资产时，其公允价值与初始入账金额之间的差额应确认为投资收益，不调整公允价值变动损益

4. 下列关于交易性金融资产的确认与计量表述，错误的是（ ）。
   A. 取得交易性金额资产所发生的相关交易费用应当在发生时计入投资收益
   B. 资产负债表日交易性金融资产公允价值与账面余额的差额计入当期损益
   C. 收到交易性金额资产购买价款中已到付息期尚未领取的债券利息计入当期损益
   D. 出售交易性金融资产时应将其公允价值与账面余额之间的差额确认为投资收益

5. 甲公司于2018年4月5日从证券市场上购入乙公司发行在外的股票100万股，分类为交易性金融资产，每股支付价款5元（含已宣告但尚未发放的现金股利1元），另支付相关交易费用8万元，甲公司取得该股票投资的入账价值为（　　）万元。

　　A. 400　　　　　　　　　　　　B. 408
　　C. 500　　　　　　　　　　　　D. 508

6. 甲公司于2018年3月10日从证券市场上购入乙公司发行在外的债券一批，分类为交易性金融资产，支付的价款为100万元，其中包含已到期尚未领取的利息5万元，另支付交易费用3万元。甲公司该项交易性金融资产的入账价值为（　　）万元。

　　A. 92　　　　　　　　　　　　　B. 95
　　C. 100　　　　　　　　　　　　 D. 105

7. 甲公司于2018年11月5日从证券市场上购入乙公司发行在外的股票100万股，分类为交易性金融资产，每股支付价款5元，另支付相关交易费用20万元，2018年12月31日，这部分股票的公允价值为550万元，甲公司2018年12月31日应确认的公允价值变动损益为（　　）万元。

　　A. 损失30　　　　　　　　　　　B. 收益30
　　C. 损失50　　　　　　　　　　　D. 收益50

8. 甲公司于2018年3月20日从证券市场上购入乙公司发行在外的股票100万股，成交价格为每股9元，分类为交易性金融资产；购买该股票另支付手续费等22.5万元。5月20日，收到乙公司按每10股派3.75元的现金股利。2018年6月30日该股票公允价值为每股10元。则甲公司2018年6月30日交易性金融资产期末账面余额为（　　）万元。

　　A. 546.25　　　　　　　　　　　B. 1 000
　　C. 1 316.25　　　　　　　　　　D. 1 372.5

9. 甲公司于2018年1月1日以银行存款410万元从证券市场上购入乙公司当日发行的两年期债券一批，分类为交易性金融资产，并另行支付相关交易费用1.5万元；该批债券票面金额为400万元，每半年付息一次，票面利率为4%；7月1日，甲公司收到利息8万元；8月20日，甲公司以415万元的价格出售该批债券投资。假定不考虑其他相关税费。甲公司出售该投资应确认的投资收益为（　　）万元。

　　A. 3.5　　　　　　　　　　　　　B. 5
　　C. 11.5　　　　　　　　　　　　 D. 15

10. 甲公司于2018年4月1日将其持有的交易性金融资产全部出售，售价为3 000万元；出售前该交易性金融资产的账面金额为2 800万元（其中成本2 500万元，公允价值变动300万元）。假定不考虑其他因素，甲公司出售该交易性金融资产应确认的投资收益为（　　）万元。

　　A. 200　　　　　　　　　　　　B. -200

C. 500   D. -500

11. 甲公司于 2018 年 2 月 20 日从证券市场上购入乙公司发行在外的股票一批，分类为交易性金融资产，共支付款项 2 030 万元，其中包括已宣告但尚未发放的现金股利 100 万元、相关交易费用 10 万元。2018 年 12 月 31 日该项交易性金融资产的公允价值为 2 000 万元。假定不考虑其他因素，甲公司 2018 年度该项交易性金融资产影响当期损益的金额为（   ）万元。

A. 80   B. 70
C. 90   D. 60

12. 甲公司于 2018 年 1 月 1 日从证券市场上购入乙公司面值总额为 1 000 万元的债券一批，该债券发行日为 2017 年 1 月 1 日，系分期付息、到期还本债券，期限为 5 年，票面利率为 5%，每年 12 月 31 日支付当年利息。甲公司购入该债券时，上一年的利息尚未兑付，甲公司实际支付价款 1 078.98 万元，另外支付交易费用 10 万元。经测算甲公司该项债券投资的实际利率为 3.93%，甲公司将该债券投资分类为以摊余成本计量的金融资产核算。甲公司该债权投资 2019 年 12 月 31 日的账面价值为（   ）万元。

A. 1 020.28   B. 1 062.14
C. 1 068.98   D. 1 083.43

13. 甲公司于 2018 年 1 月 1 日从证券市场上以 1 064 942 元的价款购入乙公司当日发行的面值为 1 000 000 元的债券，分类为以摊余成本计量的金融资产。该债券票面利率为 6.5%，实际利率为 5%，期限为 5 年，每年年末付息一次，到期一次还本。甲公司 2018 年对该债权投资应确认的投资收益为（   ）元（保留整数）。

A. 37 012   B. 50 000
C. 53 247   D. 65 000

14. 甲公司于 2018 年 1 月 1 日从证券市场上以银行存款 52 000 万元购入乙公司发行的 3 年期公司债券一批，分类为以摊余成本计量的金融资产。该批债券面值 50 000 万元，每半年付息一次，到期还本，该债券票面利率为 6%，实际利率为 4%。甲公司 2018 年 12 月 31 日"债权投资——利息调整"账户的余额为（   ）万元。

A. 982.8   B. 1 070.8
C. 1 555.94   D. 2 000

15. 投资者投入的长期股权投资，如果合同或协议约定价值是公允的，其初始投资成本应为（   ）。

A. 市场价值   B. 账面价值
C. 评估价值   D. 投资合同或协议约定的价值

16. 甲公司以银行存款 6 000 万元，取得了乙公司 80% 的股权，能够对乙公司的财务和经营政策实施控制。甲公司对该项长期股权投资应采用的核算方法为（   ）。

A. 成本法 B. 权益法
C. 公允价值法 D. 摊余成本法

17. 甲公司与乙公司共同出资设立丙公司，经甲、乙双方协议，丙公司的总经理由甲公司委派，董事长由乙公司委派，各方的出资比例均为50%，股东按出资比例行使表决权。下列说法正确的是（　　）。

A. 甲公司和乙公司均采用成本法核算对丙公司的投资
B. 甲公司和乙公司均采用权益法核算对丙公司的投资
C. 甲公司采用权益法核算对丙公司的投资，乙公司采用成本法核算对丙公司的投资
D. 甲公司采用成本法核算对丙公司的投资，乙公司采用权益法核算对丙公司的投资

18. 甲公司长期持有乙公司10%的股权，采用成本法核算。2018年1月1日，该项投资账面价值为1 300万元。2018年度乙公司实现净利润2 000万元，宣告发放现金股利1 200万元。假设不考虑其他因素，2018年12月31日该项投资账面价值为（　　）万元。

A. 1 300 B. 1 380
C. 1 500 D. 1 620

19. 甲公司于2018年1月1日以银行存款从证券市场上购入乙公司发行在外股份的2%准备长期持有，实际支付价款500万元，另支付相关税费5万元，甲公司对乙公司财务和经营政策不具有重大影响、共同控制或控制，且乙公司的股票不存在活跃的市场报价，公允价值无法可靠取得。同日，乙公司可辨认净资产的公允价值为2 200万元。甲公司2018年1月1日取得的长期股权投资的投资成本为（　　）万元。

A. 500 B. 505
C. 550 D. 555

20. 甲公司2018年1月1日出售其持有的原按成本法核算的长期股权投资，获得价款900万元存入银行。该投资出售前的借方余额1 000万元，没有为该项投资计提资产减值准备。则甲公司出售该投资应确认的投资收益为（　　）万元。

A. 50 B. 100
C. 150 D. 200

二、多项选择题

1. 下列各项中，不应计入取得交易性金融资产入账价值的有（　　）。

A. 买入价 B. 支付的手续费
C. 支付的印花税 D. 已到付息期但尚未领取的利息

2. "交易性金融资产"账户借方登记的内容有（　　）。
   A. 交易性金融资产的取得成本
   B. 资产负债日其公允价值低于账面余额的差额
   C. 取得交易性金融资产所发生的相关交易费用
   D. 资产负债表日其公允价值高于账面余额的差额
3. 关于交易性金融资产的会计处理，正确的有（　　）。
   A. 资产负债表日，公允价值变动计入当期损益
   B. 企业在持有期间取得的利息或现金股利，应当确认为投资收益
   C. 支付的价款中包含已宣告发放的现金股利或债券利息，应当单独确认为应收项目
   D. 企业划分为交易性金融资产的股票、债券，应当按照取得时的公允价值和相关的交易费用作为初始确认金额
4. 下列有关以摊余成本计量的债权投资会计处理的表述中，正确的有（　　）。
   A. 期末应采用摊余成本计量
   B. 取得时的交易费用应计入初始投资成本
   C. 持有期间的投资收益应采用实际利率法计算
   D. 处置时的所得与其账面价值的差额应计入投资收益
5. 分期付息到期还本的债权投资会计核算可能设置的明细账户有（　　）。
   A. 成本　　　　　　　　　B. 利息调整
   C. 应计利息　　　　　　　D. 公允价值变动
6. 下列有关以公允价值计量且其变动计入其他综合收益的金融资产会计处理的表述中，正确的有（　　）。
   A. 期末应采用摊余成本计量
   B. 发生的减值损失可能会影响当期损益
   C. 取得时发生的交易费用应计入资产成本
   D. 持有期间取得的现金股利应冲减资产成本
7. 其他债权投资会计核算可能设置的明细科目有（　　）。
   A. 成本　　　　　　　　　B. 利息调整
   C. 成本调整　　　　　　　D. 公允价值变动
8. 关于其他债权投资的计量，下列说法中，正确的有（　　）。
   A. 资产负债表日，应以公允价值计量，且公允价值变动计入资本公积
   B. 资产负债表日，应以公允价值计量，且公允价值变动计入当期损益
   C. 支付的价款中包含的已到付息期但尚未领取的债券利息或已宣告但尚未发放的现金股利，应单独确认为应收项目
   D. 处置其他债权投资时，应将取得的价款与该金融资产账面价值之间的差额，计入投资损益；同时，将原直接计入其他综合收益的公允价值变动

累计额对应处置部分的金额转出，计入投资损益

9. 以支付现金方式取得的非企业合并方式下的长期股权投资，下列支出应作为长期股权投资取得时初始成本的有（　　）。

　　A. 投资时支付的税金、手续费

　　B. 投资时支付的不含应收股利的价款

　　C. 为取得长期股权投资而发生的评估、审计、咨询费

　　D. 投资时支付款项中所含的已宣告而尚未领取的现金股利

10. 下列情形中，表明投资单位能够对被投资单位的财务和经营政策实施控制的有（　　）。

　　A. 投资单位直接拥有被投资单位50%的表决权资本

　　B. 投资单位直接拥有被投资单位50%以上的表决权资本

　　C. 投资单位直接拥有被投资单位30%的表决权资本，投资单位与其他投资者达成协议，代表其他投资者在被投资单位的权益

　　D. 投资单位直接拥有被投资单位40%的表决权资本，双方签订的投资协议规定，该投资单位可决定被投资单位的生产经营决策

11. 下列情形中，表明投资单位能够对被投资单位的财务和经营政策具有重大影响的有（　　）。

　　A. 投资单位直接拥有被投资单位20%或以上至50%的表决权资本

　　B. 投资单位虽然只直接拥有被投资单位20%以下的表决权资本，但在被投资单位董事会中派有代表

　　C. 投资单位虽然只直接拥有被投资单位20%以下的表决权资本，但可以参与被投资单位的政策制定过程

　　D. 投资单位虽然只直接拥有被投资单位20%以下的表决权资本，但被投资单位的生产完全依赖投资单位的技术支持

12. 下列各项投资中，投资企业应采用成本法核算的有（　　）。

　　A. 投资企业对被投资单位具有共同控制的长期股权投资

　　B. 投资企业能够对被投资单位实施控制的长期股权投资

　　C. 投资企业对被投资单位不具有共同控制或重大影响，在活跃市场中有报价、公允价值能够可靠计量的长期股权投资

　　D. 投资企业对被投资单位不具有共同控制或重大影响，并且在活跃市场中没有报价、公允价值不能可靠计量的长期股权投资

13. 下列各项投资中，投资企业应采用权益核算的有（　　）。

　　A. 投资企业对被投资单位具有共同控制的长期股权投资

　　B. 投资企业能够对被投资单位实施控制的长期股权投资

　　C. 投资企业对被投资单位不具有共同控制或重大影响，在活跃市场中有报价、公允价值能够可靠计量的长期股权投资

D. 投资企业对被投资单位不具有共同控制或重大影响，并且在活跃市场中没有报价，公允价值不能可靠计量的长期股权投资

14. 甲公司所持有的下列股权投资中，应采用权益法核算的有（   ）。

   A. 甲公司与丙公司各持有乙公司 50% 的股权，由甲公司与丙公司共同决定乙公司的财务和经营政策

   B. 甲公司持有丁公司 15% 的股权，并在丁公司董事会派有代表

   C. 甲公司持有戊公司 10% 的股权，戊公司的生产经营需依赖甲公司的技术资料

   D. 甲公司持有乙公司 5% 的股权，同时持有乙公司部分当期可转换公司债券，如果将乙公司所发行的该项可转债全部被转股，甲公司对乙公司的持股比例将达到 30%

15. 下列各项中，成本法下不会导致长期股权投资账面价值发生增减变动的有（   ）。

   A. 确认长期股权投资减值损失

   B. 投资持有期间被投资方实现净利润

   C. 投资持有期间被投资方资本公积转增资本

   D. 投资持有期间被投资方宣告发放现金股利

16. 下列各项中，应计入投资收益的有（   ）。

   A. 处置长期股权投资净损益

   B. 支付与取得长期股权投资直接相关的费用

   C. 期末交易性金融资产公允价值变动的金额

   D. 支付与取得交易性金融资产直接相关的费用

三、判断题

1. 企业取得交易性金融资产支付的价款中包含已宣告但尚未发放的现金股利或已到付息期但尚未领取的债券利息，应构成交易性金融资产的初始入账金额。
（   ）

2. 处置债权投资时，应将所取得价款与该投资账面价值之间的差额计入投资收益。（   ）

3. 债权投资在持有期间应当按照公允价值计量，公允价值与账面价值的差额计入投资收益。（   ）

4. 债权投资应按实际利率法以摊余成本计量。（   ）

5. 计算债权投资利息收入所采用的实际利率，应当在取得该项投资时确定，且在该项投资预期存续期间或适用的更短期间内保持不变。（   ）

6. 采用公允价值计量的其他债权投资，可以计提减值准备。（   ）

7. 非企业合并方式以支付现金取得的长期股权投资，应当按照实际支付的购买

价款作为初始投资成本。   (   )

8. 投资者投入的长期股权投资，应按投资合同或协议约定的价值作为初始投资成本。   (   )

9. 投资企业只有直接拥有被投资企业至少 20% 的表决权股份时，才能对被投资企业施加重大影响。   (   )

10. 甲公司出资 500 万元取得乙公司 40% 的股权，合同约定乙公司董事会 2/3 的人员由甲公司委派，且其董事会能够控制被投资单位的财务和经营政策，则甲公司对该项长期股权投资应采用权益法核算。   (   )

11. 企业对被投资单位不具有控制、共同控制或重大影响的权益性投资，均属于长期股权投资核算范围，且应通过成本法核算。   (   )

12. 长期股权投资在成本法核算下，只要被投资单位宣告分派现金股利就应确认投资收益。   (   )

13. 长期股权投资采用成本法核算的，应按被投资单位宣告发放的现金股利或利润中属于本企业的部分，借记"应收股利"账户，贷记"投资收益"账户；属于被投资单位在本企业取得投资前实现净利润的分配额，应借记"应收股利"账户，贷记"长期股权投资"账户。   (   )

14. 长期股权投资采用成本法核算，因被投资企除净损益以外的所有者权益其他变动，投资企业应按其享有份额增加或减少资本公积。   (   )

15. 长期股权投资采用权益法核算，长期股权投资的初始投资成本小于投资时应享有被投资单位可辨认净资产公允价值份额的，其差额应当确认为资本公积，同时调整长期股权投资的成本。   (   )

四、计算及账务处理题

1. 2018 年 4 月 2 日，甲公司以每股 4.10 元的价格（含已宣告但尚未发放的现金股利 0.10 元）购入乙公司股票 100 万股作为交易性金融资产，另支付相关税费 5 万元；2018 年 4 月 20 日收到现金股利；2018 年 6 月 30 日该股票每股市价为 3.80 元；2018 年 7 月 10 日以每股 5 元的价格出售该交易性金融资产，另支付相关税费 6 万元。

要求：

（1）编制甲公司 2018 年 4 月 2 日取得乙公司股票时的会计分录。

（2）编制甲公司 2018 年 4 月 20 日收到现金股利时的会计分录。

（3）编制甲公司 2018 年 6 月 30 日对持有乙公司股票期末计量时的会计分录。

（4）编制甲公司 2018 年 7 月 10 日出售乙公司股票时的会计分录。

2. 甲公司持有的交易性金融资产有关资料如下：

（1）2018 年 6 月 30 日交易性金融资产的账面成本与公允价值金额如下：

项　目		账面成本（元）	公允价值（元）
交易性金融资产——股票	乙公司股票	150 000	145 800
	丙公司股票	85 000	84 500
	丁公司股票	120 000	121 000
交易性金融资产——债券	戊公司债券	500 000	495 000
	己公司债券	350 000	350 500

（2）甲公司于2018年9月5日将戊公司债券的50%出售，取得净收入（扣除相关税费）260 000元；同日又将乙公司股票全部出售，取得净收入（扣除相关税费）149 000元。

（3）甲公司于2018年12月15日购入已宣告每股发放现金股利0.10元，但尚未支取的壬公司股票50 000股，实际以银行存款支付价款175 000元，分类为交易性金融资产。

要求：

（1）计算甲公司2018年6月30日的公允价值变动损益。

（2）编制甲公司2018年6月30日期末计量时的会计分录。

（3）计算甲公司2018年9月5日出售债券和股票时的投资收益。

（4）编制甲公司2018年9月5日出售债券和股票时的会计分录。

（5）编制甲公司2018年12月15日购入壬公司股票时的会计分录。

3. 2018年1月1日，甲公司以银行存款3 000万元购入乙公司发行的债券，面值总额为3 000万元，票面年利率为10%，期限3年，到期一次偿还本金。该债券投资的实际利率也为10%，乙公司每年12月31日支付一次利息。甲公司将对乙公司的债券投资划分为以摊余成本计量的金融资产。

要求：

（1）编制甲公司2018年1月1日购入乙公司债券时的会计分录。

（2）编制甲公司2018年12月31日确认并收到债券投资利息时的会计分录。

（3）编制甲公司2020年12月31日确认最后一年利息以及收回本金和最后一年利息时的会计分录。

4. 甲公司2018年1月1日以银行存款19 619 200元购买乙公司发行的两年期公司债券，购入债券的面值为20 000 000元，票面半年利率为1.5%，每年6月30日和12月31日各确认并收息一次，到期一次还本。甲公司该债券投资的半年实际利率为2%。

要求（答案四舍五入，保留整数）：

（1）编制甲公司2018年1月1日购入乙公司债券时的会计分录。

（2）编制甲公司2018年6月30日确认并收到债券投资利息时的会计分录。

（3）编制甲公司2018年12月31日确认并收到债券投资利息时的会计分录。

(4) 编制甲公司 2019 年 12 月 31 日确认最后一年利息、收回本金和最后一年利息的会计分录。

5. 2018 年 5 月 10 日甲公司以 480 万元购入乙公司股票 60 万股分类为以公允价值计量且其变动计入其他综合收益的金融资产（其他权益工具投资），另支付手续费 10 万元，6 月 30 日该股票每股市价为 7.5 元，8 月 10 日，乙公司宣告分派现金股利，每股 0.20 元，8 月 20 日，甲公司收到分派的现金股利。至 12 月 31 日，甲公司仍持有该金融资产，期末每股市价为 8.5 元，2019 年 1 月 3 日甲公司以 515 万元出售该金融资产。假定甲公司每年 6 月 30 日和 12 月 31 日对外提供财务报告。

要求：

（1）编制甲公司 2018 年 5 月 10 日购入股票时的会计分录。

（2）编制甲公司 2018 年 6 月 30 日期末计量时的会计分录。

（3）编制甲公司 2018 年 8 月 10 日乙公司宣告分派现金股利时的会计分录。

（4）编制甲公司 2018 年 8 月 20 日收到现金股利时的会计分录。

（5）编制甲公司 2018 年 12 月 31 日期末计量时的会计分录。

（6）编制甲公司 2019 年 1 月 3 日处置该金融资产时的会计分录。

（7）计算甲公司该金融资产的累计损益。

6. 甲公司对乙公司的长期股权投资有关资料如下：

（1）2018 年 9 月 1 日以银行存款 20 万元购入乙公司发行在的股票 2 万股，占乙公司发行在外股票的 1%，乙公司为非上市公司，其股票不存在活跃的市场报价，公允价值无法可靠取得。在投资过程中，甲公司另以银行存款支付相关交易税费 0.2 万元，甲公司准备长期持有乙公司的股票，甲公司对乙公司的财务和经营政策均不具有重大影响、共同控制或控制。

（2）乙公司 2018 年度利润表报告的净利润为 240 万元，假设乙公司利润是均衡实现的。

（3）乙公司 2019 年 4 月 20 日宣告分派现金股利 100 万元。

（4）甲公司于 2019 年 5 月 8 日收到乙公司派发的现金股利 1 万元存入开户银行。

（5）乙公司 2019 年度利润表报告的净利润为 360 万元。

（6）甲公司于 2020 年 4 月 15 日将持有的乙公司股票全部出售，扣除交易费用 0.3 万元后的余款 30 万元全部存入开户银行。

要求：

（1）编制甲公司 2018 年 9 月 1 日购入乙公司股票时的会计分录。

（2）甲公司 2018 年年末是否需要编制与对乙公司长期股权投资相关的会计分录？如果需要，请编制相关会计分录；如果不需要，请说明理由。

（3）编制甲公司 2019 年 4 月 20 日在乙公司宣告分派现金股利时的会计分录。

（4）编制甲公司 2019 年 5 月 8 日收到乙公司分派的现金股利时的会计分录。

（5）甲公司 2019 年年末是否需要编制与对乙公司长期股权投资相关的会计分录？如果需要，请编制相关会计分录；如果不需要，请说明理由。

（6）编制甲公司 2020 年 4 月 15 日处置对乙公司长期股权投资时的会计分录。

7. 甲股份有限公司（以下简称"甲公司"）系增值税一般纳税人，适用的增值税税率为 16%；不考虑增值税以外的其他相关税费。甲公司 2018 年至 2019 年与长期股权投资有关的资料如下：

（1）2018 年 1 月 1 日，甲公司与乙公司股东签订股权购买协议，以银行存款 3 000 万元（不考虑相关税费）购买乙公司 40% 的股权，对乙公司的财务与经营政策具有重大影响。2018 年 1 月 1 日，乙公司的可辨认净资产的账面价值总额为 7 650 万元，公允价值为 8 100 万元。取得投资时乙公司的无形资产公允价值为 900 万元，账面价值为 450 万元，该无形资产的预计使用年限为 10 年，净残值为零，按直线法计提摊销额。2018 年 1 月 1 日，乙公司除该无形资产之外的其他各项可辨认资产、负债的公允价值均等于账面价值，双方采用的会计政策、会计期间相同。

（2）2018 年 3 月 20 日，乙公司宣告发放现金股利 500 万元（乙公司此次宣告发放的现金股利全部为以前年度实现的利润），并于 2018 年 4 月 20 日实际发放。2018 年度，乙公司实现净利润 600 万元。

（3）2019 年，乙公司直接计入所有者权益的利得为 220 万元（已扣除所得税的影响）。

（4）2019 年度，乙公司实现净利润 900 万元。

要求：

（1）编制甲公司 2018 年 1 月 1 日取得乙公司股权时的会计分录。

（2）编制甲公司 2018 年 3 月 2 日乙公司宣告发放现金股利时的会计分录。

（3）编制甲公司 2018 年 4 月 20 日收到乙公司发放的现金股利时的会计分录。

（4）编制甲公司 2018 年 12 月 31 日确认对乙公司投资收益时的会计分录。

（5）编制甲公司 2019 年 12 月 31 日确认对乙公司股权投资的其他权益变动时的会计分录。

（6）编制甲公司 2019 年 12 月 31 日确认对乙公司投资收益时的会计分录。

第五章

固定资产和无形资产

一、单项选择题

1. 下列各项中，不属于固定资产特征的是（　　）。
   A. 固定资产为有形资产
   B. 固定资产使用寿命超过两年
   C. 固定资产是为出租或经营管理而持有的
   D. 固定资产是为生产商品、提供劳务而持有的
2. 下列各项中，不属于固定资产的是（　　）。
   A. 土地使用权　　　　　　　　B. 不需用设备
   C. 闲置不用设备　　　　　　　D. 生产经营用设备
3. 固定资产发生减值的，应贷记的账户是（　　）。
   A. 在建工程减值准备　　　　　B. 工程物资减值准备
   C. 无形资产减值准备　　　　　D. 固定资产减值准备
4. 企业下列各项资产中，应计提固定资产折旧的是（　　）。
   A. 单独计价入账的土地
   B. 当月增加并投入使用的机器
   C. 已提足折旧仍继续使用的设备
   D. 已达到预定可使用状态但尚未办理竣工决算的厂房
5. 下列说法中，不正确的是（　　）。
   A. 企业可对折旧方法进行调整
   B. 企业可对预计净残值进行调整
   C. 企业可对固定资产使用寿命进行调整
   D. 企业可随意调整固定资产的使用寿命、预计净残值
6. 采用年数总和法计提折旧，折旧额（　　）。
   A. 逐年递减　　　　　　　　　B. 逐年递增
   C. 各年不变　　　　　　　　　D. 有时增加有时减少

7. 采用年数总和法计提折旧，折旧额计算的依据是（　　）。
   A. 固定资产原价　　　　　　　　B. 固定资产账面净值
   C. 固定资产预计净残值　　　　　D. 固定资产原价 - 预计净残值

8. 采用双倍余额递减法计提折旧，最后两年前折旧额计算的依据是（　　）。
   A. 固定资产原价　　　　　　　　B. 固定资产账面净值
   C. 固定资产预计净残值　　　　　D. 固定资产原价 - 预计净残值

9. 采用年限平均法计提折旧，折旧额计算的依据是（　　）。
   A. 固定资产原价　　　　　　　　B. 固定资产账面净值
   C. 固定资产预计净残值　　　　　D. 固定资产原价 - 预计净残值

10. 已达到预定可使用状态但尚未办理竣工决算的固定资产，其计提折旧的基础是（　　）。
    A. 实际成本　　　　　　　　　　B. 估计价值
    C. 公允价值　　　　　　　　　　D. 实际成本及相关税费

11. 企业生产车间发生的固定资产修理费用应计入（　　）。
    A. 在建工程　　　　　　　　　　B. 固定资产
    C. 累计折旧　　　　　　　　　　D. 管理费用

12. 甲公司系增值税一般纳税人，2018 年 7 月 25 日以银行存款购入一台不需安装生产经营用设备，取得的增值税专用发票上注明的价款为 100 万元，增值税税额为 16 万元，另发生杂费 2 万元，保险费 1 万元，该设备的固定资产成本是（　　）万元。
    A. 102　　　　　　　　　　　　　B. 103
    C. 118　　　　　　　　　　　　　D. 119

13. 甲公司有一栋厂房，原价 1 000 万元，预计可使用 20 年，预计报废时净残值为 20 万元，该厂房使用年限平均法计提折旧，每月应计提的折旧额是（　　）万元。
    A. 4.17　　　　　　　　　　　　B. 2.05
    C. 4.08　　　　　　　　　　　　D. 50

14. 下列各项中，不属于固定资产处置业务的是（　　）。
    A. 修理　　　　　　　　　　　　B. 出售
    C. 捐赠　　　　　　　　　　　　D. 对外投资

15. 下列各项中，应计入无形资产成本的是（　　）。
    A. 研究阶段的支出
    B. 新产品发生的广告费
    C. 开发阶段满足资本化条件的支出
    D. 无形资产达到预定用途后发生的支出

16. 下列各项中，不属于无形资产的是（　　）。
    A. 土地　　　　　　　　　　　　B. 商标权
    C. 特许权　　　　　　　　　　　D. 非专利技术

17. 甲公司购入一项专利技术，购买价款 100 万元，增值税税额 6 万元，测试费 3 万元，甲公司取得该专利技术的成本是（　　）万元。
   A. 100　　　　　　　　　　　B. 106
   C. 109　　　　　　　　　　　D. 103

18. 甲公司自行研究开发一项新产品专利技术，在研究开发过程中，发生材料费 50 万元、人工工资 100 万元，以及其他费用 100 万元，其中，符合资本化条件的支出是 170 万元，计入无形资产成本的金额是（　　）万元。
   A. 100　　　　　　　　　　　B. 150
   C. 170　　　　　　　　　　　D. 250

19. 下列关于无形资产后续计量的表述中，正确的是（　　）。
   A. 无形资产的摊销方法只有直线法
   B. 使用寿命不确定的无形资产应按 10 年期限摊销
   C. 使用寿命不确定的无形资产应按系统合理的方法摊销
   D. 企业无形资产摊销方法，应当反映与该项无形资产有关的经济利益的预期实现方式

20. 企业出售无形资产的净损失应借记的科目是（　　）。
   A. 管理费用　　　　　　　　　B. 资产处置损益
   C. 其他业务成本　　　　　　　D. 主营业务成本

二、多项选择题

1. 企业确认固定资产，必须满足的条件有（　　）。
   A. 有形资产
   B. 使用寿命超过一个会计年度
   C. 该固定资产的成本能够可靠的计量
   D. 与该固定资产有关的经济利益很可能流入企业

2. 企业购入的需要安装的生产设备，其入账价值包括（　　）。
   A. 运杂费　　　　　　　　　　B. 购买价款
   C. 进口关税　　　　　　　　　D. 安装成本

3. 增值税一般纳税人外购的固定资产，应计入固定资产成本的有（　　）。
   A. 购买价款　　　　　　　　　B. 专业人员服务费
   C. 支付的安装费和杂费　　　　D. 可以抵扣的增值税进项税额

4. 下列各项表述中，正确的有（　　）。
   A. 企业自行建造的固定资产，应按建造该项资产达到预定可使用状态前所发生的必要支出作为固定资产的成本
   B. 接受固定资产投资的企业，在办理了固定资产移交手续后，应按投资合同或协议约定的价值作为固定资产的入账价值

C. 接受固定资产投资的企业，在办理了固定资产移交手续后，应按投资合同或协议约定的价值加上应支付的相关税费作为固定资产的入账价值
D. 企业外购的固定资产，应按实际支付的购买价款、相关税费、使固定资产达到预定可使用状态前所发生的可归属于该项资产的运输费、装卸费、安装费和专业人员服务费，作为固定资产的取得成本

5. 固定资产的折旧方法包括（　　）。
   A. 工作量法　　　　　　　　B. 年限平均法
   C. 年数总和法　　　　　　　D. 双倍余额递减法

6. 影响固定资产折旧的因素主要包括（　　）。
   A. 预计净残值　　　　　　　B. 固定资产原价
   C. 固定资产减值准备　　　　D. 固定资产使用寿命

7. 下列各项表述中，正确的有（　　）。
   A. 固定资产的预计净残值一经确定，不得变更
   B. 固定资产的使用寿命一经确定，不得随意变更
   C. 固定资产减值损失一经确认，在以后会计期间可以转回
   D. 固定资产使用寿命、预计净残值的改变，应该作为会计估计变更

8. 下列各项表述中，正确的有（　　）。
   A. 年限平均法不考虑预计净残值
   B. 年限平均法计算的每期折旧额均相等
   C. 双倍余额递减法计提折旧最后两年前不考虑净残值
   D. 工作量法是根据实际工作量计算每期应提折旧额的一种方法

9. 固定资产计提折旧时，借记的会计科目有（　　）。
   A. 在建工程　　　　　　　　B. 制造费用
   C. 管理费用　　　　　　　　D. 销售费用

10. 下列各项固定资产中，应计提折旧的有（　　）。
    A. 未使用的机器设备
    B. 当月增加的固定资产
    C. 季节性停用的固定资产
    D. 已提足折旧但仍继续使用的固定资产

11. 下列关于固定资产折旧的表述中，正确的有（　　）。
    A. 未使用的固定资产计提的折旧额应计入管理费用
    B. 企业经营租出的固定资产计提的折旧额应计入管理费用
    C. 销售部门所使用的固定资产计提的折旧应计入销售费用
    D. 企业基本生产车间所使用的固定资产，其计提的折旧应计入制造费用

12. 下列关于固定资产处置的表述中，正确的有（　　）。
    A. 处置固定资产应通过"在建工程"科目进行核算

B. 固定资产处置包括固定资产的出售、报废、毁损、对外投资、债务重组等

C. 固定资产满足"预期通过使用或处置不能产生经济利益"条件时，应当予以终止确认

D. 企业出售、转让、报废固定资产或发生固定资产损毁，应当将处置收入扣除账面价值和相关税费后的金额计入当期损益

13. 下列关于无形资产的表述中，正确的有（　　）。
    A. 无形资产属于非货币性资产
    B. 企业自创的商誉不作为无形资产
    C. 合并中产生的商誉作为无形资产
    D. 投资者投入方式取得的土地使用权属于无形资产

14. 下列关于无形资产特征的表述，正确的有（　　）。
    A. 无形资产不能单独出售　　B. 无形资产具有可辨认性
    C. 无形资产不具有实物形态　　D. 无形资产属于非货币性资产

15. 无形资产的确认，应同时满足的条件有（　　）。
    A. 必须是企业外购的
    B. 符合无形资产的定义
    C. 其成本能够可靠地计量
    D. 与该资产有关的经济利益很可能流入企业

16. 下列各项支出中，应计入无形资产成本的有（　　）。
    A. 支付的购买价款
    B. 无形资产研究阶段支出
    C. 无形资产开发阶段支出
    D. 符合资本化条件的无形资产开发阶段支出

17. 下列关于无形资产摊销的表述中，正确的有（　　）。
    A. 无形资产摊销年限不超过 10 年
    B. 使用寿命有限的无形资产残值都为零
    C. 使用寿命有限的无形资产，其应摊销金额应当在使用寿命内系统合理摊销
    D. 企业摊销无形资产，应当自无形资产可供使用时起，至不再作为无形资产确认时止

18. 企业自行研发无形资产的，将开发阶段有关支出予以资本化并计入无形资产成本的条件包括（　　）。
    A. 有足够的技术、财务等资源支持
    B. 具有完成该无形资产并使用或出售的意图
    C. 归属于该无形资产开发阶段的支出能够可靠计量
    D. 完成该无形资产以使其能够使用或出售在技术上具有可行性

19. 下列各项中，会引起无形资产账面价值发生增减变动的有（　　）。
    A. 购入无形资产
    B. 出售无形资产
    C. 企业内部研究开发项目研究阶段的支出
    D. 企业内部研究开发项目开发阶段满足资本化条件的支出
20. 企业确定无形资产的使用寿命，应考虑的因素有（　　）。
    A. 现在或潜在的竞争者预期采取的行动
    B. 以该资产生产的产品或服务的市场需求情况
    C. 技术、工艺等方面的现实情况及对未来发展的估计
    D. 该资产通常的产品寿命周期、可获得的类似资产使用寿命的信息

三、判断题

1. 对于构成固定资产的各组成部分，如果各自具有不同的使用寿命或者以不同的方式为企业提供经济利益，企业应将各组成部分单独确认为固定资产，并且采用不同的折旧率或者折旧方法计提折旧。（　　）

2. 在不考虑计提固定资产减值准备的情况下，某项固定资产期满报废时，无论采用哪种折旧方法，其累计折旧额一定等于该项固定资产应计提折旧总额。（　　）

3. 已达到预定可使用状态的固定资产，无论是否交付使用，尚未办理竣工决算的，应当按照估计价值确认为固定资产，并计提折旧；待办理了竣工决算手续后，再按实际成本调整原来的暂估价值，同时调整原已计提的折旧额。（　　）

4. 对于接受固定资产投资的企业，在办理了固定资产移交手续之后，应按投资合同或协议约定的价值作为固定资产的入账价值。（　　）

5. 当月增加的固定资产，当月计提折旧。（　　）

6. 工作量法计提折旧的特点是每年提取的折旧额相等。（　　）

7. 按双倍余额递减法计提的折旧额在任何时期都大于按年限平均法计提的折旧额。（　　）

8. 固定资产的更新改造等后续支出，满足固定资产确认条件的，应计入固定资产成本，如有被替换的部分，应同时将被替换部分的账面价值转入在建工程。（　　）

9. 固定资产的更新改造等后续支出，不满足固定资产确认条件的，应在发生时计入当期损益。（　　）

10. 企业在财产清查中盘盈的固定资产，在按管理权限报经批准处理前，应先通过"固定资产"账户核算。（　　）

11. 固定资产减值损失一经确认，在以后会计期间不得转回。（　　）

12. 无形资产是指企业拥有或控制的没有实物形态的可辨认及不可辨认的非货币性资产。（　　）

13. 无形资产准则规定，企业研究阶段的支出全部费用化，直接计入当期损益。
（　）

14. 使用寿命不确定的无形资产在持有期间内不需要摊销。（　）

15. 企业开发阶段的支出应全部予以资本化，计入无形资产成本。（　）

16. 企业摊销无形资产，应当自无形资产可供使用时起，至不再作为无形资产确认时止。（　）

17. 投资者投入的无形资产成本，均应按照投资合同或协议约定的价值确定入账价值。（　）

18. 对使用寿命确定的无形资产摊销所使用的方法应依据从资产中获取的预期未来经济利益的预计消耗方式来选择。（　）

19. 对无形资产进行摊销时，应借记管理费用账户，贷记无形资产账户。
（　）

20. 企业已计提减值准备的无形资产的价值如果又得以恢复，则应在已计提减值准备的范围内将计提的减值损失予以全部或部分转回。（　）

四、计算及账务处理题

1. 甲公司系增值税一般纳税人，适用的增值税税率为16%。2018年发生的与固定资产有关的交易或事项如下：

（1）2018年12月1日，甲公司外购一台生产经营用A设备，取得的增值税专用发票注明的购买价款为500万元，增值税税额为80万元，其他费用4万元，均以银行存款支付。甲公司将购买的A设备于当日投入车间厂房使用。甲公司采用年数总和法计提折旧，预计该设备可使用5年，预计净残值为零。

（2）2019年12月31日，甲公司将A设备以260万元的价格出售，且于当日将收到的款项存入银行。出售该设备不考虑增值税，也不考虑其他税费。

要求：

（1）编制甲公司2018年12月1日购入A设备的会计分录。

（2）计算甲公司2019年A设备应当计提的折旧额（假定按全年一次计提折旧）。

（3）编制甲公司2019年A设备折旧时的会计分录（假定按全年一次计提折旧）。

（4）编制甲公司2019年12月31日出售A设备时的会计分录。

2. 甲公司系增值税一般纳税人，适用的增值税税率为16%。甲公司2018年至2021年发生的相关交易或事项如下：

（1）2018年12月1日，甲公司以银行存款外购一台生产经营用A设备，取得的增值税专用发票注明的购买价款为1 000万元，增值税税额为160万元。甲公司当日将购买的A设备投入车间使用。甲公司对该设备采用双倍余额递减法计提折旧，预计该设备可使用 5 年，预计净残值为零。

（2）2019 年 12 月 31 日，甲公司的 A 设备存在很可能发生减值的迹象。经减值测试，A 设备的可收回金额为 500 万元。

（3）2022 年 12 月 20 日，甲公司将 A 设备出售给乙公司，共收到 120 万元，存入银行。假定不考虑出售时相关税费。

要求：

（1）编制甲公司 2018 年 12 月 1 日外购 A 设备的会计分录。

（2）计算甲公司 2019 年 A 设备应当计提的折旧额（假定按全年一次计提折旧）。

（3）编制甲公司 2019 年 A 设备折旧时的会计分录（假定按全年一次计提折旧）。

（4）计算甲公司 2019 年 12 月 31 日对 A 设备应计提的减值金额。

（5）编制甲公司 2019 年 12 月 31 日对 A 设备计提减值时的会计分录。

（6）计算甲公司 2020 年、2021 年和 2022 年 A 设备应当计提的折旧额（假定按全年一次计提折旧）。

（7）编制甲公司 2020 年、2021 年和 2022 年 A 设备折旧时的会计分录（假定按全年一次计提折旧）。

（8）编制甲公司 2022 年 12 月 20 日出售 A 设备时的会计分录。

3. 2018 年 1 月 1 日，甲公司外购管理用 A 无形资产，买价为 196 万元，相关费用为 4 万元，均以银行存款支付。甲公司估计 A 无形资产尚可使用年限为 5 年。2019 年 12 月 31 日，由于与 A 无形资产相关的经济因素发生不利变化，致使 A 无形资产发生价值减值。甲公司估计其可收回金额为 108 万元。2021 年 1 月 1 日，将该无形资产对外出售，取得价款 100 万元并收存银行。假定不考虑相关税费的影响。

要求：

（1）编制甲公司 2018 年 1 月 1 日购入无形资产时的会计分录。

（2）计算甲公司 2018 年该项无形资产的年摊销额。

（3）编制甲公司 2018 年 12 月 31 日对该无形资产摊销时的会计分录（假定按全年一次计提摊销）。

（4）编制甲公司 2019 年 12 月 31 日对该项无形资产计提减值准备时的会计分录。

（5）计算甲公司 2020 年该项无形资产的年摊销额。

（6）编制甲公司 2020 年 12 月 31 日对该无形资产摊销时的会计分录（假定按全年一次计提摊销）。

（7）计算甲公司 2021 年 1 月 1 日出售该无形资产的净损益。

（8）编制甲公司 2022 年 1 月 1 日出售该无形资产时的会计分录。

4. 甲股份有限公司（以下简称"甲公司"）有关新产品开发资料如下：

（1）2018年年初，甲公司董事会决定加大新产品的开发力度，投入3 000万元研究开发生产甲产品的新技术。1月份研发小组成立，在研究阶段，研发小组对该新产品中涉及的材料、设备、生产工艺以及相关问题进行了深入研究，取得了许多创新性成果，为此发生了2 000万元相关研究费用，包括人员工资和相关福利费300万元，设备折旧费200万元，材料试剂费600万元；支付外部协作费800万元，支付零星杂费100万元。研究阶段结束后于6月末转入开发阶段。

（2）2018年7月，研发小组转入开发阶段，发生研发人员人工费用230万元、材料费70万元、相关设备折旧费500万元，支付外部协作费200万元。假定进入开发阶段的支出全部满足资本化条件。

（3）2019年1月，经专家鉴定，新产品开发成功；并获得专利权。

（4）该专利权用于A产品和B产品生产，该专利有效年限15年，预计能带来经济利益5年，预计残值为0。甲公司因无法可靠确定与该专有技术有关的经济利益的预期实现方式，采用直线法摊销。

（5）2021年年末，由于其他新技术的运用，该专利出现减值的迹象，后2年使用该专利预计未来现金流量分别为190万元和180万元；无法预计出售净额。综合考虑各种因素，将折现率选定为8%。

要求：

（1）编制甲公司2018年研究阶段支出时的会计分录。

（2）编制甲公司2018年开发阶段支出时的会计分录。

（3）编制甲公司2019年新产品开发成功时的会计分录。

（4）编制甲公司2019年对无形资产进行摊销时的会计分录（假定按全年一次计提摊销）。

（5）计算甲公司2021年对该无形资产应计提的减值准备。

（6）编制甲公司2021年对该无形资产计提减值准备时的会计分录。

（7）计算甲公司2022年对该无形资产应计提的摊销额。

（8）编制甲公司2022年对无形资产进行摊销时的会计分录（假定按全年一次计提摊销）。

第六章

负　债

一、单项选择题

1. 企业在资产负债表日，按合同利率计提短期借款利息时的会计处理为（　　）。
   A. 借记"短期借款"科目，贷记"应付利息"科目
   B. 借记"财务费用"科目，贷记"短期借款"科目
   C. 借记"财务费用"科目，贷记"应付利息"科目
   D. 借记"应付利息"科目，贷记"财务费用"科目

2. 银行承兑汇票到期企业无力支付时，应从"应付票据"科目转入（　　）。
   A. 应付账款　　　　　　　　B. 短期借款
   C. 预付账款　　　　　　　　D. 应付票据

3. 企业在转销确实无法支付的应付账款时，应按其账面价值计入（　　）。
   A. 资本公积　　　　　　　　B. 投资收益
   C. 营业外支出　　　　　　　D. 营业外收入

4. 预收货款业务不多的企业，可以不设置"预收账款"科目，其所发生的预收货款，应计入（　　）。
   A. "应收账款"科目借方
   B. "应付账款"科目借方
   C. "应收账款"科目贷方
   D. "应付账款"科目贷方

5. 下列关于非货币性职工薪酬的表述，错误的是（　　）。
   A. 企业以自产产品作为非货币性福利发放给职工的，视同销售
   B. 企业以外购产品作为非货币性福利发放给职工的，视同销售
   C. 企业以租赁的资产无偿提供给职工使用的，应按照资产每期应付的租金确认应付职工薪酬
   D. 企业以拥有的资产无偿提供给职工使用的，应按照资产每期的公允价值确认应付职工薪酬

6. 下列各项中不应通过"应付职工薪酬"科目核算的是（　　）。
   A. 住房公积金　　　　　　　　B. 教育费附加
   C. 非货币性福利　　　　　　　D. 工会经费和职工教育经费

7. 甲公司系增值税一般纳税人，适用的增值税税率为16%。2018年6月甲公司董事会决定将本公司生产的500件产品作为福利发放给公司研发人员。该批产品的单件成本为1.5万元，市场销售价格为每件2万元（不含增值税）。不考虑其他相关税费，甲公司在2018年因该项业务应计入"研发支出"的金额为（　　）万元。
   A. 750　　　　　　　　　　　　B. 870
   C. 1 000　　　　　　　　　　　D. 1 160

8. 甲公司系增值税一般纳税人，收购免税农产品一批，收购发票上注明的买价为200 000元，应记入"应交税费——应交增值税（进项税额）"账户借方的金额为（　　）元。
   A. 0　　　　　　　　　　　　　B. 20 000
   C. 29 060　　　　　　　　　　 D. 34 000

9. 委托加工的应税消费品收回后连续进行生产应税消费品的，委托方应将由受托方代扣代缴的消费税借记的会计科目是（　　）。
   A. 委托加工物资　　　　　　　B. 受托加工物资
   C. 税金及附加　　　　　　　　D. 应交税费——应交消费税

10. 甲公司将自产的资源税应税矿产品用于公司的产品生产，计算出的应交资源税，应计入（　　）。
    A. 生产成本　　　　　　　　　B. 管理费用
    C. 主营业务成本　　　　　　　D. 税金及附加

11. 下列各项中，应通过"其他应付款"科目核算的是（　　）。
    A. 支付卖方代垫的原材料运费
    B. 计提经营租赁租入的办公楼租金
    C. 发放职工工资时扣还代垫水电费
    D. 发放职工工资时代扣代缴个人所得税

12. 关于长期借款的利息费用，以下说法正确的是（　　）。
    A. 长期借款的利息费用应当按借款本金和借款利率计算确定
    B. 长期借款的利息费用应当按摊余成本和实际利率计算确定
    C. 长期借款用于构建固定资产的，其利息费用应当全部计入在建工程
    D. 长期借款用于无形资产研发的，其利息费用应当全部计入研发支出

13. 甲公司为股份有限公司，2018年7月1日为新建生产车间而向商业银行借入专门借款20 000 000元，年利率为4%，款项已存入银行。至2018年12月31日，因建筑地面上建筑物的拆迁补偿问题尚未解决，建筑地面上原建筑物尚未开始拆迁；该项借款存入银行所获得的利息收入为198 000元。甲公司2018年就上述借款应予

以资本化的利息费用为（　　　）元。

A. 0
B. 2 000
C. 202 000
D. 400 000

14. 就发行债券的企业而言，所获债券溢价收入实质是（　　　）。

A. 本期利息收入
B. 以后期间的利息收入
C. 为以后少付利息而付出的代价
D. 为以后多付利息而得到的补偿

15. 甲公司于2018年1月1日发行面值总额为10 000 000，期限为3年的债券，该债券票面利率为5%，每年年末付息一次、到期一次还本。发行价格总额为10 321 600元，实际利率为4%。2018年12月31日，该应付债券的账面价值为（　　　）元。

A. 10 000 000
B. 10 234 464
C. 10 500 000
D. 10 734 464

二、多项选择题

1. 下列各项中，按照流动负债列报的有（　　　）。

A. 预收账款
B. 预付账款
C. 应付职工薪酬
D. 一年内到期的长期借款

2. 下列各项中，会导致"应付票据"科目借方减少的有（　　　）。

A. 银行承兑汇票到期企业正常兑付
B. 银行承兑汇票到期企业无力支付
C. 商业承兑汇票到期企业无力兑付
D. 商业承兑汇票到期企业重新签发新的商业汇票予以清偿

3. 下列项目中，应通过"应付职工薪酬"科目核算的有（　　　）。

A. 职工福利费
B. 住房公积金
C. 补充养老保险
D. 因解除劳动关系给予的补偿

4. 下列项目中属于非货币性薪酬的有（　　　）。

A. 企业为职工免费体检
B. 将外购商品发放给职工
C. 以自己生产的产品发放给职工
D. 提供给高级管理人员免费使用的住房

5. 下列人员的薪酬中，应直接计入当期损益的有（　　　）。

A. 董事会成员
B. 监事会成员
C. 生产车间工人
D. 公司总部管理人员

6. 下列属于企业在"应交税费——应交增值税"科目借方设置的专栏有（　　　）。

A. 已交税金　　　　　　　　　B. 进项税额
C. 销项税额　　　　　　　　　D. 进项税额转出

7. 下列各项业务的核算中，涉及"进项税额转出"的有（　　）。
　　A. 购进免税农产品　　　　　　B. 购进货物视同销售
　　C. 购进货物发生非正常损失　　D. 购进货物用于集体福利或个人消费

8. 一般纳税人企业在对"应交税费——应交增值税"进行明细核算时，其借方登记的内容包括（　　）。
　　A. 企业本月预交的税金
　　B. 因管理不善造成材料损失确认的进项税额转出
　　C. 采购商品时收到的增值税专用发票上登记的增值税税额
　　D. 销售商品时开出的增值税专用发票上登记的增值税税额

9. 一般纳税人企业应根据当期不含税销售额与适用增值税税率计算确定销项税额，其中销售额的组成包括（　　）。
　　A. 价内费用　　　　　　　　　B. 价外费用
　　C. 当期视同销售额　　　　　　D. 当期实现的销售额

10. 下列税金中，可能记入"税金及附加"科目的有（　　）。
　　A. 增值税　　　　　　　　　　B. 消费税
　　C. 印花税　　　　　　　　　　D. 所得税

11. 下列税金中，不考虑特殊情况时，会涉及抵扣情形的有（　　）。
　　A. 委托加工应税消费品收回后用于连续生产
　　B. 委托加工应税消费品收回后直接用于销售
　　C. 从小规模纳税人处购入货物并取得普通发票
　　D. 从一般纳税人处购入货物时支付运输费用并取得增值税专用发票

12. 下列各项中，属于非流动负债的有（　　）。
　　A. 长期借款　　　　　　　　　B. 应付债券
　　C. 应付股利　　　　　　　　　D. 长期应付款

13. 企业无论折价、溢价还是面值发行债券时，应当按照实际收到的款项，借记"银行存款"等科目，贷记（　　）。
　　A. "应付债券——面值"科目
　　B. "应付债券——本金"科目
　　C. "应付债券——应计利息"科目
　　D. "应付债券——利息调整"科目

三、判断题

1. 只有当与负债义务有关的经济利益可能流出企业，且流出的经济利益的金额能够可靠地计量时，负债才予以确认。　　　　　　　　　　　　　　　（　　）

2. 短期借款利息在预提和实际支付时均应通过"应付利息"科目核算。（   ）

3. 我国商业汇票的付款期限最长不超过9个月。（   ）

4. 应付票据核算的内容是企业因购买材料、商品和接受劳务供应等而开出并承兑的商业汇票和银行汇票。（   ）

5. 企业的应付票据应按照开出的商业汇票的到期值的现值入账。（   ）

6. 采购材料"货到单未到"时，为保证账实相符，企业月末应对已入库材料按暂估的成本及相应的增值税额贷记"应付账款——暂估应付账款"科目，下月初红字冲回。（   ）

7. 企业购入固定资产和工程物资所支付的增值税均必须计入采购成本，不得作为企业销项税额的抵扣。（   ）

8. 企业应在预收购货单位款项时确认销售成立。（   ）

9. 企业预收货款业务不多时，可以不设置"预收账款"科目，直接通过"应付账款"科目核算。（   ）

10. 企业在折扣期内付款享受到的现金折扣应贷记当期的财务费用。（   ）

11. 因解除劳动关系给予的补偿属于辞退福利，确认应付职工薪酬。（   ）

12. 职工薪酬包括以商业保险形式提供的保险待遇。（   ）

13. 非货币性福利不应先通过"应付职工薪酬"账户归集。（   ）

14. 一般纳税人应根据当期销项税额减去进项税额，计算确定应纳增值税额；小规模纳税人应按照销售额和规定的税率计算确定应纳增值税额。（   ）

15. 增值税小规模纳税企业购入货物所支付的增值税，无论是否取得增值税专用发票，均应计入所购货物的成本。（   ）

16. 非流动负债应当按照公允价值进行初始计量，采用摊余成本进行后续计量。（   ）

17. 长期借款核算与短期借款相比，最主要的区别是，"长期借款"科目不仅核算借款的本金，还包括利息费用，而"短期借款"科目只核算借款的本金，不包括利息费用。（   ）

18. 对分期付息债券，若采用实际利率法对公司溢价发行的债券摊销，因为债券的账面价值逐期减少，所以溢价摊销额也逐期减少。（   ）

四、计算及账务处理题

1. 甲公司于2018年8月1日从银行取得40 000元借款期限为3个月的流动资金借款，年利率6%，利息分月计提，按季支付，本金到期一次归还。

要求：

（1）编制甲公司2018年8月1日取得短期借款时的会计分录。

（2）编制甲公司2018年8月31日计提短期借款利息时的会计分录。

（3）编制甲公司2018年9月30日计提短期借款利息时的会计分录。

（4）编制甲公司2018年9月30日支付第三季度利息时的会计分录。

（5）编制甲公司2018年10月31日计提短期借款利息时的会计分录。

（6）编制甲公司2018年10月31日偿还借款本金和10月份利息时的会计分录。

2. 甲公司系增值税一般纳税人，适用增值税税率为16%，对材料采用实际成本法核算。2018年8月20日，从乙公司购入A材料一批验收入库，但有关发票账单至月末尚未到达，根据经验估计该材料的成本为58 000元。2018年9月5日，发票账单收到，取得的增值税专用发票上注明的价款为60 000元，增值税税额为9 600元。同日，甲公司开出了一张面值为69 600元，期限3个月的不带息商业承兑汇票进行了支付。2018年12月5日，商业承兑汇票到期，甲公司无力支付票款。2019年10月21日，甲公司确定该笔应付乙公司的款项无法支付，乙公司已经放弃收款权利，应予转销。

要求：

（1）编制甲公司2018年8月31日对A材料暂估入账时的会计分录。

（2）编制甲公司2018年9月1日对暂估入账材料红字冲回时的会计分录。

（3）编制甲公司2018年9月5日单货同到并开出商业承兑汇票付款时的会计分录。

（4）编制甲公司2018年12月5日商业承兑汇票到期无力支付时的会计分录。

（5）编制甲公司2019年10月21日转销应付乙公司款项时的会计分录。

3. 甲公司系增值税一般纳税人，适用增值税税率为16%。甲公司主要从事化妆品的生产与销售。2018年8月20日，收到乙公司按合同预付的货款80 000元存入银行；2018年9月5日，甲公司按合同规定向乙公司发出化妆品，开具的增值税专用发票上注明的价款为60 000元，增值税税额为9 600元，并以库存现金垫付了运杂费800元。该批商品的成本40 000元，适用的消费税税率为10%。2018年9月15日，甲公司将余款从银行退回。

要求：

（1）编制甲公司2018年8月20日收到预收款时的会计分录。

（2）编制甲公司2018年9月5日发出商品时的会计分录。

（3）编制甲公司2018年9月5日结转销售成本时的会计分录。

（4）编制甲公司2018年9月5日确认应交消费税时的会计分录。

（5）编制甲公司2018年9月15日收回乙公司退回余款时的会计分录。

4. 甲公司系增值税一般纳税人，适用的增值税税率为16%，主要生产和销售蚕丝被。2018年6月，甲公司的应付职工薪酬有关资料如下：

（1）应付工资总额为100 000元，工资汇总分配表中列示的生产工人工资为60 000元，车间管理人员工资为20 000元，行政管理人员工资为10 000元，研发人员工资10 000元；

（2）根据国家规定的标准，分别按照应付工资总额的 20%、12%、2%、10%、2%、1.5% 计提养老保险费、医疗保险费、失业保险费、住房公积金、工会经费、职工教育经费。

（3）甲公司下设职工食堂，历史经验数据表明，公司每月需补贴食堂 300 元/人。2018 年 6 月，公司在岗职工共 30 人，其中生产一线工人 20 人，生产车间管理人员 2 人，行政管理人员 5 人，研发人员 3 人。

（4）甲公司以其生产的蚕丝被作为福利发放给生产一线员工，该蚕丝被售价为每台 300 元，成本每台 200 元，生产一线员工共有 20 人。

（5）甲公司以购进的被套作为福利发给行政人员，该被套购进时做原材料核算，取得的增值税专用发票上注明的价款为 1 000 元，增值税税额为 160 元。

（6）甲公司租赁住房无偿提供给高管居住，每月应付租金 2 000 元（不考虑增值税）。

（7）2018 年 7 月 5 日，扣除代扣的个人所得税 5 000 元、代垫的水电费 2 000 元，甲公司以库存现金支付了实发工资 93 000 元；同日，甲公司以库存现金支付了计提的食堂补贴，以银行存款缴纳了社会保险费、住房公积金、支付了工会经费和职工教育经费。

（8）2018 年 7 月 6 日，公司发放了作为福利的自产的蚕丝被、外购的被套，并以银行存款支付了租赁住房的租金。

要求：

（1）编制甲公司 2018 年 6 月 30 日计提职工工资时的会计分录。

（2）编制甲公司 2018 年 6 月 30 日计提养老保险费、医疗保险费、失业保险费、住房公积金、工会经费、职工教育经费时的会计分录。

（3）编制甲公司 2018 年 6 月 30 日计提职工福利费时的会计分录。

（4）编制甲公司 2018 年 6 月 30 日以自产的蚕丝被发放员工计提非货币性福利时的会计分录。

（5）编制甲公司 2018 年 6 月 30 日以外购的被套发放员工计提非货币性福利时的会计分录。

（6）编制甲公司 2018 年 6 月 30 日以租赁的住房无偿提供职工使用计提非货币性福利时的会计分录。

（7）编制甲公司 2018 年 7 月 5 日发放职工工资时的会计分录。

（8）编制甲公司 2018 年 7 月 5 日支付食堂补贴时的会计分录。

（9）编制甲公司 2018 年 7 月 5 日缴纳社会保险费、住房公积金、支付工会经费、职工教育经费时的会计分录。

（10）编制甲公司 2018 年 7 月 6 日发放自产的蚕丝被作为非货币性福利时的会计分录。

（11）编制甲公司 2018 年 7 月 6 日发放外购的被套作为非货币性福利时的会计

分录。

（12）编制甲公司 2018 年 7 月 6 日支付房租时的会计分录。

5. 甲公司系增值税一般纳税人，适用的增值税税率为 16%。2018 年 6 月，甲公司发生的与增值税相关业务资料如下：

（1）2018 年 6 月 11 日，甲公司购进 A 材料一批，取得的增值税专用发票上注明的价款为 100 000 元，增值税税额为 16 000 元，货物尚未到达，甲公司以银行承兑汇票支付了货款，并以银行存款支付运费 500 元（不考虑增值税）。

（2）2018 年 6 月 15 日，因建造生产设备领用 B 材料一批，该材料的成本为 20 000 元，增值税税额为 3 200 元。

（3）2018 年 6 月 20 日，甲公司销售 A 产品一批，开具的增值税专用发票上注明的价款为 50 000 元，增值税税额为 8 000 元，提货单和专用发票已交买方，货款尚未收到。

（4）2018 年 6 月 25 日，甲公司将其生产的 B 产品对丙公司投资，并且甲公司准备长期持有丙公司股票（成本法核算）。该批产品的成本为 400 000 元，双方协议价为 500 000 元。

（5）2018 年 6 月 28 日，甲公司以银行存款预交了增值税 20 000 元。

要求：

（1）编制甲公司 2018 年 6 月 11 日购入 A 材料时的会计分录。

（2）编制甲公司 2018 年 6 月 15 日领用 B 材料时的会计分录。

（3）编制甲公司 2018 年 6 月 20 日销售 A 产品时的会计分录。

（4）编制甲公司 2018 年 6 月 25 日以 B 产品对丙公司投资时的会计分录。

（5）编制甲公司 2018 年 6 月 28 日预交增值税时的会计分录。

6. 甲公司于 2018 年 1 月 1 日发行 3 年期公司债券，总面值为 1 000 000 元，票面利率 10%。该债券发行价格为 1 025 313 元，实际利率为 9%，每年年末付息一次，到期还本和支付最后一年利息。假设发行债券的利息不符合资本化条件，收到的款项已存入银行。

要求：（答案四舍五入，保留整数）

（1）编制甲公司 2018 年 1 月 1 日发行债券时的会计分录。

（2）计算并填列下表（计算中小数点四舍五入造成的差异在最后一年调整）。

计息日期	应付利息 ① = 面值 × 10%	利息费用 ② = 上期⑤ × 9%	利息调整摊销额 ③ = ｜① - ②｜	利息调整余额 ④ = 上期④ - ③	摊余成本 ⑤ = 上期⑤ - ③
2018.1.1					
2018.12.31					
2019.12.31					
2020.12.31					

（3）编制甲公司 2018 年 12 月 31 日计提利息及利息调整金额摊销时的会计分录。

（4）编制甲公司 2018 年 12 月 31 日支付利息时的会计分录。

（5）编制甲公司 2019 年 12 月 31 日计提利息及利息调整金额摊销时的会计分录。

（6）编制甲公司 2019 年 12 月 31 日支付利息时的会计分录。

（7）编制甲公司 2020 年 12 月 31 日计提利息及利息调整金额摊销时的会计分录。

（8）编制甲公司 2020 年 12 月 31 日支付本金及最后一期利息时的会计分录。

第七章

所有者权益

一、单项选择题

1. 下列项目中，对所有者权益的另一表述方式是（　　）。
   A. 收益　　　　　　　　　　B. 净利润
   C. 净资产　　　　　　　　　D. 所有资产

2. 下列经济业务中，会引起一项所有者权益减少，而另一项所有者权益增加的是（　　）。
   A. 企业提取盈余公积　　　　B. 企业向所有者分配利润
   C. 所有者向企业投入设备　　D. 所有者投入资金偿还欠款

3. 公司制企业的法定盈余公积按照净利润（减弥补以前年度亏损）的提取比例是（　　）。
   A. 5%　　　　　　　　　　　B. 10%
   C. 15%　　　　　　　　　　 D. 20%

4. 公司制企业法定盈余公积的累计额已达注册资本的一定比例时，可以不再提取，此比例为（　　）。
   A. 5%　　　　　　　　　　　B. 10%
   C. 25%　　　　　　　　　　 D. 50%

5. 甲公司年初未分配利润为借方余额3万元，本年实现利润总额20万元，确认所得税费用5万元，本年提取法定盈余公积1.2万元，任意盈余公积0.6万元，向投资者发放现金股利2.4万元。该企业年末未分配利润为（　　）万元。
   A. 6.4　　　　　　　　　　　B. 7.2
   C. 7.8　　　　　　　　　　　D. 9.2

6. 下列各项中，会引起留存收益总额发生增减变动的是（　　）。
   A. 盈余公积补亏
   B. 用税后利润补亏
   C. 资本公积转增实收资本
   D. 盈余公积转增实收资本

7. 股份有限公司增资扩股时，投资者实际缴纳的出资额大于其股本的部分，应作为（　　）。

　　A. 股本溢价　　　　　　　　B. 实收资本
　　C. 盈余公积　　　　　　　　D. 营业外收入

8. 甲股份有限公司委托 A 证券公司发行普通股 1 000 万股，每股面值 1 元，每股发行价格为 4 元。根据约定，股票发行成功后，甲股份有限公司应按发行收入的 5% 向 A 证券公司支付发行费。如果不考虑其他因素，股票发行成功后，甲股份有限公司记入"资本公积"科目的金额应为（　　）万元。

　　A. 20　　　　　　　　　　　B. 80
　　C. 2 800　　　　　　　　　　D. 3 000

9. 2018 年甲公司"盈余公积"科目的年初余额为 100 万元，本期提取盈余公积 135 万元，转增资本 85 万元，该公司"盈余公积"科目的年末余额为（　　）万元。

　　A. 135　　　　　　　　　　　B. 150
　　C. 315　　　　　　　　　　　D. 235

10. 2018 年 12 月 31 日甲公司所有者权益构成情况如下：实收资本 200 万元，资本公积 17 万元，盈余公积 38 万元，未分配利润 37 万元。则该企业留存收益为（　　）万元。

　　A. 32　　　　　　　　　　　B. 38
　　C. 75　　　　　　　　　　　D. 87

11. 下列关于企业所有者权益的表述中，错误的是（　　）。

　　A. 未分配利润可以弥补亏损
　　B. 资本公积可以弥补企业亏损
　　C. 盈余公积可以按照规定转增资本金
　　D. 资本公积可以按照规定转增资本金

12. 下列各项经济业务中，能影响所有者权益总额发生增减变动的是（　　）。

　　A. 盈余公积补亏　　　　　　B. 宣告派发现金股利
　　C. 支付已宣告的现金股利　　D. 盈余公积转增为实收资本

13. 股份有限公司采用溢价发行股票方式筹集资本，其"股本"科目所登记的金额是（　　）。

　　A. 股票面值总额
　　B. 实际收到的款项
　　C. 实际收到款项加上应付证券商的费用
　　D. 实际收到款项减去应付证券商的费用

14. 企业用当年的盈余公积弥补亏损时，应作的会计处理是（　　）。

　　A. 借记"本年利润"科目，贷记"利润分配——未分配利润"科目

B. 借记"盈余公积"科目，贷记"本年利润"科目

C. 借记"利润分配——未分配利润"科目，贷记"利润分配——未分配利润"科目

D. 借记"盈余公积"科目，贷记"利润分配——未分配利润"科目

15. 企业用当年实现的利润弥补以前年度经营亏损时，应编制的会计分录为（   ）。

    A. 借记"本年利润"科目，贷记"利润分配——未分配利润"科目

    B. 借记"利润分配——未分配利润"科目，贷记"本年利润"科目

    C. 借记"利润分配——未分配利润"科目，贷记"利润分配——未分配利润"科目

    D. 无须专门作会计处理

16. 如果债券投资被划分为以公允价值计量且其变动计入其他综合收益的金融资产，资产负债表日其账面价值与公允价值的差额应计入（   ）。

    A. 其他综合收益   B. 投资收益

    C. 公允价值变动损益   D. 资产处置损益

二、多项选择题

1. 下列各项中，属于所有者权益的有（   ）。

    A. 盈余公积   B. 实收资本

    C. 坏账准备   D. 直接计入所有者权益的利得

2. 企业吸收投资者出资时，下列会计科目的余额可能发生变化的有（   ）。

    A. 盈余公积   B. 资本公积

    C. 实收资本   D. 利润分配

3. 企业实收资本或股本增加的途径有（   ）。

    A. 发放股票股利   B. 接受投资者实物投资

    C. 经批准用盈余公积转增   D. 经批准用资本公积转增

4. 下列各项中，不属于资本公积核算的内容有（   ）。

    A. 直接计入所有者权益的损失

    B. 直接计入所有者权益的利得

    C. 企业收到投资者按注册资本比例计算的出资额

    D. 企业收到投资者出资额超出其在注册资本或股本中所占份额的部分

5. 下列各项中，影响年末未分配利润数额的因素有（   ）。

    A. 盈余公积补亏   B. 提取盈余公积

    C. 向投资者分配利润   D. 年初未分配利润

6. 下列各项经济业务中，应通过"利润分配"科目进行核算的包括（   ）。

    A. 固定资产盘盈   B. 提取盈余公积

C. 发放现金股利　　　　　　　　D. 盈余公积弥补以前年度亏损
7. 企业弥补亏损的渠道有（　　）。
　　A. 用资本公积弥补　　　　　　B. 用盈余公积弥补
　　C. 用以后年度税前利润弥补　　D. 用以后年度税后利润弥补
8. 下列各项中，会使企业所有者权益增加的有（　　）。
　　A. 当年发生盈利　　　　　　　B. 以盈余公积补亏
　　C. 接受投资者投资　　　　　　D. 用当年税后利润弥补以前年度亏损
9. 下列各项中，不增加企业资本公积的有（　　）。
　　A. 股本溢价　　　　　　　　　B. 盘盈的固定资产
　　C. 接受捐赠的固定资产　　　　D. 划转无法支付的应付账款
10. 甲公司在筹建期间委托银河证券公司代理发行普通股 5 000 万股，每股面值 1 元，按每股 3 元的价格发行。甲公司与银河证券公司约定，银河证券公司按发行收入的 4% 收取手续费，从发行收入中扣除。在上述情况下，甲公司收到发行股票价款的会计分录涉及的会计科目有（　　）。
　　A. 股本　　　　　　　　　　　B. 资本公积
　　C. 银行存款　　　　　　　　　D. 盈余公积
11. 企业吸收投资者的投资时，下列会计科目的余额不会发生变化的有（　　）。
　　A. 实收资本　　　　　　　　　B. 利润分配
　　C. 盈余公积　　　　　　　　　D. 资本公积
12. 下列各项中，能同时引起资产和所有者权益发生增减变化的有（　　）。
　　A. 派发股票股利　　　　　　　B. 投资者投入资本
　　C. 用盈余公积弥补亏损　　　　D. 向其他企业捐赠现金
13. 盈余公积的用途包括（　　）。
　　A. 弥补亏损　　　　　　　　　B. 转增资本
　　C. 发放职工福利　　　　　　　D. 管理部门的办公资金
14. 未分配利润的用途包括（　　）。
　　A. 发放现金股利　　　　　　　B. 发放股票股利
　　C. 企业发展资金的来源　　　　D. 弥补日后可能出现的亏损
15. 下列各项中，会引起留存收益总额发生减少变动的有（　　）。
　　A. 盈余公积补亏　　　　　　　B. 盈余公积转增资本
　　C. 资本公积转增资本　　　　　D. 分配现金股利和股票股利

三、判断题

1. 溢价发行股票情况下，股份有限公司的股本是股票面值与股份总数的乘积。
　　　　　　　　　　　　　　　　　　　　　　　　　　　　　　　　（　　）
2. 企业以盈余公积向投资者分配现金股利，不会引起留存收益总额的变动。
　　　　　　　　　　　　　　　　　　　　　　　　　　　　　　　　（　　）

3. 用盈余公积转增资本不影响所有者权益总额的变化，但会使企业净资产减少。（ ）

4. 在我国，股票只按面值发行，不允许按溢价、折价发行。（ ）

5. 可供投资者分配的利润在提取任意盈余公积之前，应先支付普通股股利。
（ ）

6. 法定盈余公积是根据《公司法》的规定由董事会决定后计提，任意盈余公积也必须根据《公司法》规定的比例来提取。（ ）

7. 所有者权益在数量上等于企业全部资产减去全部负债后的余额。（ ）

8. 企业收到投资者投入的资金时，应全部记入"实收资本"或"股本"科目。
（ ）

9. "利润分配——未分配利润"科目的年末借方余额，反映企业历年累积未弥补亏损的数额。（ ）

10. 企业不能用盈余公积分配现金股利。（ ）

11. 投资者投入非现金资产的成本，应当按照投资合同或协议约定的价值确定，但合同或协议约定价值不公允的除外。（ ）

12. 企业董事会宣告发放现金股利和股票股利时，应作为负债和利润分配处理。
（ ）

13. 收入能够导致企业所有者权益增加，但导致所有者权益增加的不一定是收入。（ ）

14. 支付已宣告发放的现金股利时，所有者权益减少。（ ）

15. 企业用当年实现的利润弥补以前年度亏损时，应编制专门的会计分录。
（ ）

16. 其他综合收益不一定影响企业的营业利润，但影响企业的利润总额。
（ ）

四、计算及账务处理题

1. 甲股份有限公司2018年3月委托乙证券公司代理发行普通股1 000万股，每股面值1元，每股发行价格5元，并约定发行成功后按发行收入的1%向甲证券公司支付发行费用，从发行收入中抵扣。股票已发行成功，股款已全部划入甲股份有限公司的银行账户，假定不考虑税收等因素。

要求：

(1) 计算甲股份有限公司应支付的发行费用和应实际收到的发行款。

(2) 计算甲股份有限公司应确认的资本公积金额。

(3) 编制甲股份有限公司2018年3月发行股票时的会计分录。

2. 甲有限责任公司（以下简称"甲公司"）最初由投资者A和投资者B共同出资成立，注册资本为800 000元，A和B各持股50%，适用的增值税税率为16%。

投资者 A 以一台设备投入甲公司作为出资，该设备原价 480 000 元，已提折旧 75 000 元，经过资产评估机构评估，确认该设备的公允价值为 400 000 元。投资者 B 以一批原材料和现金 60 000 元投入甲公司作为出资，该批材料账面价值为 305 000 元，评估确认公允价值为 300 000 元，税务部门认定应交增值税额为 48 000 元。投资者 B 已开具了增值税专用发票。经营两年后，投资者 A 和投资者 B 决定增加公司资本，此时有一新投资者 C 要求加入甲公司。经有关部门批准后，甲公司实施增资，将实收资本增加到 1 200 000 元。经三方协商，一致同意 C 投资者以银行存款 450 000 元投入甲公司。完成上述投入后，三方投资者各占公司 1/3 的股份。

要求：

（1）编制甲公司接受投资者 A 出资时的会计分录。

（2）编制甲公司接受投资者 B 出资时的会计分录。

（3）编制甲公司接受投资者 C 出资时的会计分录。

3. 甲股份有限公司（以下简称"甲公司"）2018 年初未分配利润为 1 000 000 元，2018 年实现净利润 2 000 000 元，提取法定盈余公积 200 000 元。2019 年 2 月，股东大会通过股利分配方案，决定发放现金股利 800 000 元。

要求：

（1）计算甲公司 2018 年年末"利润分配——未分配利润"科目余额。

（2）编制甲公司结转实现净利润时的会计分录。

（3）编制甲公司提取法定盈余公积时的会计分录。

（4）编制甲公司结转"利润分配——提取法定盈余公积"时的会计分录。

（5）编制甲公司决定发放现金股利时的会计分录。

（6）编制甲公司结转"利润分配——应付现金股利"时的会计分录。

4. 甲股份有限公司（以下简称"甲公司"）2018 年初"未分配利润"账户的贷方余额为 100 万元，该公司按 10% 提取法定盈余公积金，企业所得税税率为 25%。甲公司 2018 年至 2020 年的有关资料如下：

（1）2018 年实现净利润 200 万元，提取法定盈余公积后，宣告派发现金股利 150 万元。

（2）2019 年发生亏损 500 万元（假设无以前年度未弥补亏损）。

（3）2020 年实现利润总额 600 万元，无所得税纳税调整事项。

要求：

（1）编制甲公司 2018 年有关利润分配的会计分录。

（2）编制甲公司 2019 年结转亏损时的会计分录。

（3）计算甲公司 2020 年应交的所得税。

（4）计算甲公司 2020 年年末的可供分配利润。

第八章

经营成果的形成与分配

一、单项选择题

1. 下列各项中，符合"收入"定义的是（　　）。
   A. 出租设备的租金收入　　　　B. 处置固定资产净收益
   C. 来源于政府的补贴收入　　　D. 罚金收入等非经常性收益

2. 下列各项中，应确认为"其他业务收入"的是（　　）。
   A. 罚款收入
   B. 保险赔款收入
   C. 出售固定资产收入
   D. 出租无形资产使用权的收入

3. 收入确认与计量的"五步法"中，与计量相关的步骤是（　　）。
   A. 识别与客户订立的合同　　　B. 识别合同中的单项履约义务
   C. 确定交易价格　　　　　　　D. 履行各单项履约义务时确认收入

4. 附有销售退回条款的销售，企业应当在客户取得相关商品控制权时，按照预期将退回商品时的账面价值，扣除收回该商品预计发生的成本（包括商品的价值减损）后的余额确认为一项资产，上述资产成本计入（　　）。
   A. 预计负债　　　　　　　　　B. 营业外支出
   C. 应收退货成本　　　　　　　D. 以前年度损益调整

5. 甲公司与乙公司签订一项合同，销售 A、B 两种产品，并约定只有当两项产品都交付给乙公司并验收合格后，甲公司才有权收取合同对价。A 产品先于 B 产品交付，假设产品控制权在交付时转移给乙公司，那么在将 A 产品交付给乙公司时，A 产品的价款计入（　　）。
   A. 主营业务收入　　　　　　　B. 合同负债
   C. 主营业务成本　　　　　　　D. 合同资产

6. 甲公司系增值税一般纳税人，适用的增值税税率为 16%。甲公司与乙公司签订合同，合同规定每件产品销售价格为 220 元，若乙公司购买 100 件（含 100 件）以上，每件可得到 20 元的商业折扣。乙公司于 2018 年 7 月 10 日购买该公司产品

100 件，另外按规定现金折扣条件为 2/10，1/20，n/30（计算现金折扣时不考虑增值税）。甲公司于 2018 年 7 月 26 日收到款项时，应给予客户的现金折扣为（　　）元。

  A. 0   B. 200
  C. 220   D. 234

7. 按时段确认履约进度时，如不能根据直接观察的方法来确定已转移给客户的商品价值，或者获得这些信息需要消耗较高的成本，可采用（　　）来确定履约进度。

  A. 实际测量的完工进度   B. 已达到的里程碑
  C. 投入的材料数量   D. 已交付给客户的产品

8. 甲公司于 2018 年 8 月 1 日与乙公司签订一项合同，为该客户对外提供一项为期 8 个月的安装劳务，合同价格 580 万元（不含增值税销项税额）。该合同仅一项履约义务，且该履约义务满足与某一时段内确认收入的条件。2018 年共发生劳务成本 230 万元，但无法可靠地估计该项劳务交易结果。若预计已发生的劳务成本能得到补偿的金额为 150 万元，则甲公司 2018 年度因该项业务应确认的收入为（　　）万元。

  A. 80   B. 150
  C. 230   D. 290

9. 甲公司 2017 年 1 月 1 日签订了一项总金额为 2 000 万元的咨询合同，合同期为 3 年，预计总成本为 1 600 万元。2017 年发生成本 500 万元，2018 年发生成本 600 万元，2018 年年末预计还将发生成本 500 万元。假定该劳务的结果能够可靠地估计，则该公司 2019 年度应确认的收入为（　　）万元。

  A. 600   B. 625
  C. 1 000   D. 1 315

10. 2017 年 1 月 1 日，甲公司与客户签订一项劳务合同，为该客户建造一座厂房，合同价格为 100 万元（不考虑税收问题），预计成本 80 万元。截止到 2017 年 12 月 31 日，甲公司累计发生成本 60 万元，剩余部分预计在 2018 年 12 月 31 日之前完成。该合同仅包含一项履约义务，且该履约义务满足在某一时段内履行的条件。假设按照投入法确定履约进度，截止到 2017 年 12 月 31 日，甲公司应确认的收入为（　　）万元。

  A. 50   B. 60
  C. 75   D. 80

11. 企业取得的下列各项收入中，不属于让渡资产使用权所取得的收入的是（　　）。

  A. 债券利息收入   B. 出售无形资产而取得的价款
  C. 出租固定资产而取得的租金收入   D. 进行股权投资而取得的股利收入

12. 在下列各项税金中，不在利润表中的"税金及附加"项目反映的是（   ）。

    A. 印花税   B. 房产税
    C. 车船税   D. 销售商品应交的增值税

13. 下列各项费用支出中，应在"管理费用"科目核算的是（   ）。

    A. 业务招待费
    B. 借款利息费用
    C. 为推广新产品而发生的广告费用
    D. 随同产品出售单独计价包装物的成本

14. 下列各项中，不应计入财务费用的是（   ）。

    A. 借款利息费用   B. 发行股票的手续费
    C. 汇兑差额   D. 银行承兑汇票的手续费

15. 下列各项中，应记入"营业外收入"科目的是（   ）。

    A. 销售收入   B. 捐赠利得
    C. 出租固定资产收入   D. 出售固定资产收入

16. 下列各项中，应计入营业外支出的是（   ）。

    A. 支付的广告费   B. 发生的研究及开发费用
    C. 自然灾害造成的存货净损失   D. 摊销的出租无形资产的账面价值

17. 下列各项中，对企业净利润产生影响的是（   ）。

    A. 盈余公积补亏   B. 捐增利得
    C. 提取法定盈余公积   D. 向投资者分配利润

18. 甲公司 2018 年度主营业务收入为 4 000 万元，主营业务成本为 3 510 万元，其他业务收入为 20 万元，其他业务成本为 10 万元，财务费用为 10 万元，营业外收入为 20 万元，营业外支出为 10 万元，所得税税率为 25%。假定不考虑其他因素，该公司 2018 年度的净利润应为（   ）万元。

    A. 341.7   B. 345
    C. 348.4   D. 375

19. 甲公司 2017 年 12 月 31 日取得的某项机器设备原价为 100 万元，预计使用年限为 10 年，会计处理时按照直线法计提折旧，税法处理允许加速折旧，甲公司在计税时对该资产按双倍余额递减法计提折旧，预计净残值为零。2019 年 12 月 31 日，甲公司对该项固定资产计提了 10 万元的固定资产减值准备。2019 年 12 月 31 日，该固定资产的计税基础为（   ）万元。

    A. 0   B. 8
    C. 64   D. 72

20. 下列各项中，产生可抵扣暂时性差异的是（   ）。

    A. 持有至到期投资国债利息收入

B. 期末固定资产账面价值大于其计税基础

C. 期末无形资产账面价值小于其计税基础

D. 可供出售金融资产期末公允价值大于取得时成本

21. 甲公司采用年数总和法计提折旧，税法规定按年限平均法计提折旧。2018年利润表的利润总额为 500 万元，按年限平均法计提折旧为 100 万元，按年数总和法计提折旧为 130 万元，所得税税率为 25%。甲公司 2018 年应交企业所得税税款为（　　）万元。

　　A. 117.5　　　　　　　　　　B. 125

　　C. 132.5　　　　　　　　　　D. 157.5

二、多项选择题

1. 下列各项中，符合收入特征的有（　　）。

　　A. 收入与所有者投入资本无关

　　B. 收入一定导致企业资产的增加

　　C. 收入会导致企业所有者权益的增加

　　D. 收入是企业在日常活动中形成的经济利益的总流入

2. 下列各项中，不应计入商品销售收入的有（　　）。

　　A. 应收取的代垫运杂费

　　B. 实际发生的商业折扣

　　C. 应收取的增值税销项税额

　　D. 商品价款

3. 关于收入的确认，下列说法中正确的有（　　）。

　　A. 采用售后代管方式销售商品的，在发出商品时确认收入

　　B. 采用预收款方式销售商品的，在发出商品时（假设发出时商品控制权发生转移）确认收入，预收的货款应确认为负债

　　C. 附有销售退回条款的销售，企业应该在客户取得相关商品控制权时按照发出商品的金额确认收入

　　D. 企业在出售商品时的身份为主要责任人，则应当按照已收取或应收对价的总额确认收入

4. 下列各项中，属于其他业务成本核算内容的有（　　）。

　　A. 销售材料结转的材料成本

　　B. 出租无形资产支付的摊销额

　　C. 随同产品出售单独计价的包装物的成本

　　D. 出售无形资产结转的无形资产的摊余价值

5. 以下交易中按照某一时段内履行的履约义务有（　　）。

　　A. 在客户的场地上建造厂房

B. 提供 1 年期的运输服务

C. 销售某种原材料

D. 出售某项无形资产

6. 下列各项中，属于让渡资产使用权收入的有（　　）。

   A. 进行债券投资收取的利息收入

   B. 从事代理服务收取的代理费收入

   C. 企业对外出租固定资产收取的租金收入

   D. 转让商标权的使用权收取的使用费收入

7. 企业确定履约进度的方法包括（　　）。

   A. 计划完工程度

   B. 实际测定的完工程度

   C. 已经完成的合同工作量占合同预计总工作量的比例

   D. 累计实际发生的合同成本占合同预计总成本的比例

8. 下列各项中，不应确认为财务费用的是（　　）。

   A. 资本化的借款利息支出额　　B. 企业筹建期间的借款费用

   C. 销售商品发生的商业折扣　　D. 费用化的借款利息支出额

9. 下列各项中，应计入销售费用的有（　　）。

   A. 产品展览费　　　　　　　　B. 专设销售机构的职工工资

   C. 企业销售部门的日常经费　　D. 商品流通企业进货途中的合理损耗

10. 下列费用属于管理费用开支范围的有（　　）。

    A. 董事会费　　　　　　　　　B. 聘请中介机构费

    C. 行政管理人员工资　　　　　D. 售后服务网点等的职工工资及福利费

11. 下列各项中，应计入营业外收入的有（　　）。

    A. 原材料盘盈　　　　　　　　B. 无法查明原因的现金溢余

    C. 转让长期投资取得的净收益　D. 出售损毁固定资产取得的净收益

12. 下列各项中，应计入营业外支出的有（　　）。

    A. 出售报废无形资产净损失　　B. 转让报废固定资产净损失

    C. 火灾造成的存货损毁净损失　D. 属于无法查明原因的现金短缺

13. 下列各项中，会导致企业当期营业利润减少的有（　　）。

    A. 出售报废无形资产发生的净损失

    B. 计提行政管理部门固定资产折旧

    C. 办理银行承兑汇票支付的手续费

    D. 出售交易性金融资产发生的净损失

14. 下列各项中，应当作为营业外收入核算的有（　　）。

    A. 出租报废无形资产净收益

    B. 出售无形资产净收益

C. 接受现金捐赠的收益
D. 出售划归为持有售的固定资产取得的收益
15. 下列关于企业所得税的表述中，正确的有（   ）。
A. 资产账面价值大于计税基础产生应纳税暂时性差异
B. 企业应将所有可抵扣暂时性差异确认为递延所得税资产
C. 企业应将所有应纳税暂时性差异确认为递延所得税负债
D. 本期递延所得税资产发生额不一定会影响本期所得税费用
16. 下列各项表述中，正确的有（   ）。
A. 所得税费用应当在利润表中单独列示
B. 递延所得税资产小于递延所得税负债的差额应当作为负债列示
C. 递延所得税资产大于递延所得税负债的差额应当作为资产列示
D. 递延所得税资产和递延所得税负债应当分别作为非流动资产和非流动负债在资产负债表中列示

三、判断题

1. 如果企业保留与商品控制权相联系的继续管理权，则在发出商品时不能确认该项商品销售收入。（   ）
2. 企业销售商品满足收入确认条件时，应当按照已收或应收的合同或协议价款确认销售商品收入金额。（   ）
3. 企业在确认收入时，不一定按照合同注明的商品价款确认收入。（   ）
4. 企业发生收入往往表现为货币资产的流入，但是并非所有的货币资产的流入都是企业的收入。（   ）
5. 符合在某一时段履行履约义务条件的交易，在合同开始日确认收入。（   ）
6. 将交易价格分摊至各单项履约义务时，如果单独售价无法直接观察，企业应当综合考虑其能够合理取得的全部相关信息，采用市场调整法、成本加成法、余值法等方法合理估计单独售价。（   ）
7. 出售报废的无形资产的净收益属于计入当期损益的利得。（   ）
8. 企业在履约过程中是持续地向客户转移该服务的控制权的，属于在某一时段履约的履约义务，应按照投入法或产出法确认履约进度。（   ）
9. 企业以银行存款偿还一项负债形成的支出构成企业的一项费用。（   ）
10. 工业企业为拓展销售市场所发生的业务招待费，应计入销售费用。（   ）
11. 企业享受或放弃的现金折扣都通过"财务费用"科目核算。（   ）
12. 企业发生的固定资产修理费用应在发生时计入管理费用。（   ）
13. 发生营业外支出，应当减少企业当期的营业利润。（   ）
14. 营业收入、管理费用和销售费用都会影响企业的营业利润。（   ）
15. 制造费用与管理费用不同，本期发生的管理费用直接影响本期损益，而本

期发生的制造费用不一定影响本期的损益。( )

16. 我国《企业会计准则第 18 号——所得税》规定企业所得税的核算只能采用资产负债表债务法。( )

17. 资产的计税基础，是指企业取得时，计算应纳税所得额时按照税法规定可以自应税经济利益中抵扣的金额。( )

18. 负债的计税基础，是指负债的账面价值减去未来期间计算应纳税所得额时按照税法规定可予抵扣的金额。( )

19. 暂时性差异，是指资产的账面价值与计税基础之间的差额，不包括负债的账面价值与计税基础之间的差额。( )

20. 可抵扣暂时性差异，是指在确定未来收回资产或清偿负债期间的应纳税所得额时，将导致产生应纳税金额的暂时性差异。( )

四、计算及账务处理题

1. 甲公司系增值税一般纳税人，2018 年 1 月 1 日甲公司与乙公司签订一项销售 A 商品合同，当天向乙公司售出 2 000 件 A 商品（该商品交付乙公司并验收合格），单位价格 500 元，A 商品单位成本 400 元，开出的增值税专用发票上注明的销售价款为 1 000 000 元，增值税税额为 160 000 元。合同约定，购货方应于 4 月 1 日前付款。商品已经发出，满足收入确认条件。为了鼓励客户早日付款，甲公司给出不包含增值税的现金折扣条件为：3/20，2/40，1/60，n/90。乙公司在 2018 年 2 月 6 日付款。

要求：

（1）编制甲公司 2018 年 1 月 1 日确认销售收入时的会计分录。

（2）编制甲公司 2018 年 1 月 1 日结转销售商品成本的会计分录。

（3）编制甲公司 2018 年 2 月 6 日收款时的会计分录。

2. 甲公司于 2017 年 4 月 1 日与客户签订一项咨询合同。合同规定，咨询期为 2 年，咨询费为 120 000 元，客户分三次等额支付，第一次在项目开始时支付，第二次在项目中期支付，第三次在项目结束时支付。估计总成本为 80 000 元（假定均为咨询人员薪酬），其中，2017 年发生成本 19 000 元，2018 年发生成本 40 000 元，2019 年发生成本 21 000 元。该公司仅包含一项履约义务，且该履约义务满足在某一时段内履行的条件。假定成本估计十分准确，咨询费也很可能收回，该公司按照已提供的劳务占应提供劳务总量的比例（投入法）确定该项劳务的履约进度。

要求：

（1）编制甲公司 2017 年与提供该咨询业务有关的会计分录。

（2）编制甲公司 2018 年与提供该咨询业务有关的会计分录。

（3）编制甲公司 2019 年与提供该咨询业务有关的会计分录。

3. 甲公司 2017 年度按企业所得税法确定的应纳税所得额为 5 000 000 元，适用的企业所得税税率为25%。甲公司递延所得税负债年初数为200 000元，年末数为250 000元，递延所得税资产年初数为125 000元，年末数为100 000元。甲公司所有暂时性差异均与损益直接相关，不考虑其他因素的影响。

要求：

（1）计算甲公司2017年应交的企业所得税。

（2）计算甲公司2017年所得税费用。

（3）编制甲公司2017年所得税核算的会计分录。

4. 甲公司系增值税一般纳税人，适用增值税税率为16%，企业所得税采用资产负债表债务法核算，适用企业所得税税率为25%。2017年发生以下业务：

（1）3月10日，购入乙公司股票10万股，支付价款100万元，划为交易性金融资产；4月20日收到乙公司宣告并发放的现金股利5万元；年末持有的乙公司股票的市价为120万元。

（2）12月31日，固定资产账面实际成本为600万元，预计可收回金额为540万元，假设以前未计提过固定资产减值准备。

（3）甲公司全年累计实现利润8 000万元；全年实发工资2 500万元，全年合理性工资支出为2 000万元，国债利息收入30万元，违法经营罚款30万元；除上述业务产生的暂时性差异外，全年还发生了其他可抵扣暂时性差异100万元，转回了应纳税暂时性差异40万元。

（4）预计甲公司未来有足够的应税所得。

要求：

（1）编制甲公司2017年与交易性金融资产相关的会计分录。

（2）编制甲公司2017年与固定资产减值相关的会计分录。

（3）计算甲公司2017年应交的企业所得税。

（4）计算甲公司2017年12月31日应确认的递延所得税资产和递延所得税负债。

（5）计算甲公司2017年所得税费用。

（6）编制甲公司2017年所得税核算的会计分录。

5. 甲公司2017年度实现净利润800万元，2018年1月20日，甲公司董事会提出如下股利分配方案：按2017年度净利润的10%提取法定盈余公积；按2017年度净利润5%提取任意盈余公积；向股东分派现金股利400万元；向股东发放股票股利200万股。该股利分配方案获得2018年1月25日的股东大会批准，2018年1月30日现金股利已经通过银行存款转账发放，股票股利登记手续已经办妥。

要求：

（1）编制甲公司提取法定盈余公积时的会计分录。

（2）编制甲公司提取任意盈余公积时的会计分录。

（3）编制甲公司向股东宣告分派现金股利时的会计分录。

(4) 编制甲公司向股东分派现金股利时的会计分录。
(5) 编制甲公司向股东宣告分派股票股利时的会计分录。
(6) 编制甲公司向股东分派股票股利时的会计分录。
(7) 编制甲公司结转利润分配账户的明细账户时的会计分录。

第九章

财务报表列报

一、单项选择题

1. 企业财务报表列报的基础为（　　）。
   A. 历史成本　　　　　　　　B. 持续经营
   C. 会计分期　　　　　　　　D. 重要性原则

2. 编制资产负债表的资料来源为（　　）。
   A. 总账期末余额　　　　　　B. 总账本期发生额
   C. 总账和某些明细账的期末余额　　D. 总账和某些明细账的本期发生额

3. 企业在编制资产负债表时，其所有者权益排序的依据是（　　）。
   A. 按流动性　　　　　　　　B. 按偿还期限
   C. 按投入时间　　　　　　　D. 按其留在企业的永久程度

4. 资产负债表上单独列示的项目是（　　）。
   A. 在建工程　　　　　　　　B. 工程物资
   C. 累计折旧　　　　　　　　D. 固定资产清理

5. 甲公司年末结账前"应收账款"科目所属明细科目中有借方余额 50 000 元，贷方余额 20 000 元；"预付账款"科目所属明细科目中有借方余额 13 000 元，贷方余额 5 000 元；"应付账款"科目所属明细科目中有借方余额 50 000 元，贷方余额 120 000 元；"预收账款"科目所属明细科目中有借方余额 3 000 元，贷方余额 10 000 元；"坏账准备"科目余额为 0。则年末资产负债表中"应收票据及应收账款"项目和"应付票据及应付账款"项目的期末余额分别为（　　）。
   A. 30 000 元和 70 000 元　　　　B. 47 000 元和 115 000 元
   C. 53 000 元和 125 000 元　　　D. 63 000 元和 53 000 元

6. 甲公司 2018 年 12 月 31 日固定资产账户余额为 2 000 万元，累计折旧账户余额为 800 万元，固定资产减值准备账户余额为 100 万元，在建工程账户余额为 200 万元。该企业 2018 年 12 月 31 日资产负债表中"固定资产"项目的金额为（　　）万元。
   A. 90　　　　　　　　　　　　B. 1 100

C. 1 200　　　　　　　　　　D. 2 200

7. 下列资产负债表项目中，不是根据科目余额减去其备抵项目后的净额填列的项目是（　　）。

   A. 固定资产　　　　　　　　B. 无形资产
   C. 长期股权投资　　　　　　D. 交易性金融资产

8. 从数量上看，企业未分配利润应等于（　　）。

   A. 期初未分配利润＋本期实现利润总额
   B. 期初未分配利润＋本期实现净利润－分配的利润
   C. 期初未分配利润＋本期实现净利润－提取的盈余公积－分配的利润
   D. 期初未分配利润＋本期实现利润总额－提取的盈余公积－分配的利润

9. 甲公司 2018 年发生的营业收入为 1 000 万元，营业成本为 600 万元，销售费用为 20 万元，管理费用为 50 万元，财务费用为 10 万元，投资收益为 40 万元（贷方余额），其他收益 10 万元，资产减值损失为 70 万元，资产处置损益为 30 万元（贷方余额）公允价值变动损益为 80 万元（贷方余额），营业外收入为 25 万元，营业外支出为 15 万元。该企业 2018 年的营业利润为（　　）万元。

   A. 370　　　　　　　　　　B. 400
   C. 410　　　　　　　　　　D. 420

10. 下列各项中，不应列入利润表"营业收入"项目的是（　　）。

    A. 销售商品收入　　　　　　B. 提供劳务收入
    C. 处置固定资产净收入　　　D. 让渡无形资产使用权收入

11. 下列各项税金中，一般不在利润表中"税金及附加"中列报的是（　　）。

    A. 证券税　　　　　　　　　B. 增值税
    C. 印花税　　　　　　　　　D. 资源税

12. 下列各项中，影响企业当期营业利润的是（　　）。

    A. 处置房屋的净损失　　　　B. 经营出租设备的折旧费
    C. 向灾区捐赠商品的成本　　D. 火灾导致原材料毁损的净损失

13. 现金流量表的编制基础为（　　）。

    A. 流动资产　　　　　　　　B. 库存现金
    C. 速动资产　　　　　　　　D. 现金及现金等价物

14. 下列项目中，不影响经营活动现金流量的是（　　）。

    A. 收到罚款收入
    B. 支付给离退休人员的工资
    C. 当期收回前期核销的坏账损失
    D. 支付给固定资产建造工程人员的工资

15. 下列各项会引起所有者权益总额变化的是（　　）。

    A. 盈余公积补亏　　　　　　B. 宣告派发现金股利

C. 宣告派发股票股利　　　　　　D. 支付已经宣告的现金股利

二、多项选择题

1. 财务报表按编报主体不同，可以分为（　　）。
   A. 中期财务报表　　　　　　　　B. 个别财务报表
   C. 合并财务报表　　　　　　　　D. 年度财务报表

2. 下列关于财务报告的表述中，正确的有（　　）。
   A. 财务报告除了应由单位负责人签字外，还应由注册会计师签字
   B. 财务报告除了包括财务报表之外，还包括其他应在财务报告中披露的相关信息与资料
   C. 财务报告应反映企业整体的财务状况、经营成果和现金流量，向使用者提供决策有用的信息
   D. 财务报告反映会计要素确认与计量的最终结果，是沟通企业管理层和信息使用者之间的桥梁与纽带

3. 下列关于企业对外提供的财务报表的表述中，正确的有（　　）。
   A. 年末应提供资产负债表、利润表、现金流量表、所有者权益变动表和附注
   B. 中期末至少应提供资产负债表、利润表、现金流量表和附注，报表格式和内容与年报一致
   C. 年末应提供资产负债表、利润及利润分配表、现金流量表、所有者权益增减变动表和附注
   D. 中期末至少应提供资产负债表、利润表、现金流量表、所有者权益变动表和附注，但报表格式和内容比年报简化

4. 资产负债表应当分类列报的三大类别有（　　）。
   A. 资产　　　　　　　　　　　　B. 负债
   C. 利润　　　　　　　　　　　　D. 所有者权益

5. 下列资产中，应属于资产负债表中"流动资产"的有（　　）。
   A. 货币资金　　　　　　　　　　B. 交易性金融资产
   C. 债权投资　　　　　　　　　　D. 一年内到期的非流动资产

6. 下列资产负债表项目中，可根据相应账户的期末余额直接填列的有（　　）。
   A. 应收账款　　　　　　　　　　B. 实收资本
   C. 应付账款　　　　　　　　　　D. 交易性金融资产

7. 资产负债表中的"存货"项目应根据下列科目余额填列（　　）。
   A. 生产成本　　　　　　　　　　B. 发出商品
   C. 材料采购　　　　　　　　　　D. 劳务成本

8. 下列各项资产负债表项目中，属于流动资产项目的有（　　）。
   A. 货币资金　　　　　　　　　　B. 开发支出

C. 交易性金融资产　　　　D. 一年内到期的非流动资产

9. 从资产负债表中，可以分析出（　　）信息。
   A. 财务安全性　　　　　　B. 资金的来源及其构成
   C. 偿债能力和支付能力　　D. 经济资源的分布和构成

10. 下列各项中，一般情况下不应列入利润表"税金及附加"项目的有（　　）。
    A. 土地增值税
    B. 进口原材料应交的关税
    C. 购进生产设备应交的增值税
    D. 销售自产应税化妆品应交的消费税

11. 下列经济业务影响企业利润表中"营业利润"项目的有（　　）。
    A. 投资收益　　　　　　　B. 所得税费用
    C. 出租固定资产的租金收入　D. 存货管理不善发生的净损失

12. 在计算利润表中的基本每股收益时，影响"发行在外普通股加权平均数"的因素有（　　）。
    A. 当期回购普通股股数　　B. 当期新发行普通股股数
    C. 期初发行在外普通股股数　D. 当期发行的可转换公司债券

13. 现金流量表将企业一定期间产生的现金流量分为（　　）。
    A. 经营活动现金流量　　　B. 管理活动现金流量
    C. 投资活动现金流量　　　D. 筹资活动现金流量

14. 下列各项中，属于企业现金流量表"经营活动产生的现金流量"的有（　　）。
    A. 收到的出口退税款　　　B. 收到长期股权投资的现金股利
    C. 转让无形资产所有权取得的收入　D. 出租无形资产使用权取得的收入

15. 下列各项中，属于企业现金流量表"筹资活动产生的现金流量"项目的有（　　）。
    A. 吸收投资收到的现金　　B. 分配利润支付的现金
    C. 取得借款收到的现金　　D. 投资收到的现金股利

三、判断题

1. 企业应以持续经营为基础，根据实际发生的交易和事项，按企业会计准则的规定进行确认和计量，在此基础上编制财务报表。（　　）

2. 企业必须对外提供资产负债表、利润表和现金流量表，财务报表附注可以不对外提供。（　　）

3. 由于会计年度末正值元旦放假，为尽快完成财务报表编报，可以于会计年度结束前提前结账，提前编制财务报表。（　　）

4. 企业只有遵循了企业会计准则的所有规定时，财务报表才能被称为"遵循了企业会计准则"。（ ）

5. 判断财务报表某项目是否重要，应根据企业所处环境，从性质和金额大小两个方面判断。（ ）

6. 将前后期的资产负债表对比分析，可以了解到企业财务状况的变化情况。（ ）

7. 资产负债表中"应收票据及应收账款""应付票据及应付账款""预付款项""预收款项"项目应直接根据相关科目的总账余额填列。（ ）

8. 资产负债表中的"固定资产"项目金额不应包括在建工程项目的金额。（ ）

9. 资产负债表中"无形资产"项目反映各项无形资产的原价。（ ）

10. "一年内到期的非流动资产"项目，反映持有至到期投资、长期应收款等资产中将于一年内到期的部分。（ ）

11. 利润表是资产负债表的补充报表，用于补充说明各项资产增减变动的原因，以及股东变动的原因。（ ）

12. 利润表中的"公允价值变动收益"项目，反映企业交易性金融资产等公允价值变动形成的应计入当期损益的利得或损失。（ ）

13. 投资收益金额不影响利润表中营业利润的金额。（ ）

14. 现金流量表只能反映企业与现金有关的经营活动、投资活动和筹资活动。（ ）

15. 附注是对资产负债表、利润表、现金流量表和所有者权益变动表等报表中列示项目的文字描述或明细资料，以及对未能在这些报表中列示项目的说明等。（ ）

16. 企业不能以附注披露代替确认和计量。（ ）

17. 企业应在附注中以文字和数字描述相结合、尽可能以列表的形式披露重要报表项目的构成或当期增减变动情况，并与报表项目相互参照。（ ）

18. 上年度财务报表各项目名称和内容同本年度不一致时，应对上年年末资产负债表各项目的名称和数字按本年规定进行调整。（ ）

四、计算题

1. 甲公司 2018 年 12 月 31 日有关账户信息如下：

应收账款 400 万元（借方），其中应收乙公司 500 万元（借方），应收丙公司 100 万元（贷方）；应付账款 300 万元（贷方），其中应付丁公司 350 万元（贷方），应付戊公司 50 万元（借方）；预收账款 230 万元（贷方），其中预收己公司 250 万元（贷方），预收庚公司 20 万元（借方）；预付账款 150 万元（借方），其中预付辛公司 190 万元（借方），预付壬公司 40 万元（贷方）。假如本公司坏账准备的计提比例为5%，坏账准备账户没有期初余额。

要求：

（1）确定甲公司2018年12月31日资产负债表中"应付票据及应收账款"项目应填列的金额。

（2）确定甲公司2018年12月31日资产负债表中"应付票据及应付账款"项目应填列的金额。

（3）确定甲公司2018年12月31日资产负债表中"预收款项"项目应填列的金额。

（4）确定甲公司2018年12月31日资产负债表中"预付款项"项目应填列的金额。

2. 甲公司2018年度有关损益类账户本年累计发生额如下表所示。

单位：元

科目名称	借方发生额	贷方发生额
主营业务收入		4 500 000
主营业务成本	2 400 000	
其他业务收入		375 000
其他业务成本	225 000	
税金及附加	75 000	
销售费用	90 000	
管理费用	100 000	
财务费用	30 000	
资产减值损失	50 000	
投资收益		300 000
公允价值变动损益		100 000
营业外收入		150 000
营业外支出	120 000	
所得税费用	350 000	

要求：

（1）计算甲公司2018年度利润表中的营业利润。

（2）计算甲公司2018年度利润表中的利润总额。

（3）计算甲公司2018年度利润表中的净利润。

3. 甲公司系增值税一般纳税人，2018年有关资料如下：

（1）2018年度，主营业务收入为1 000万元，增值税销项税额为170万元；应收款项期初余额为100万元，期末余额为150万元。预收账款期初余额为50万元，期末余额为60万元。假定不考虑其他因素。

（2）2018年度净利润为600万元，投资收益为100万元，与筹资活动有关的财务费用为50万元，经营性应收项目增加75万元，经营性应付项目减少25万元，固定资产折旧为40万元，无形资产摊销为10万元。假设没有其他影响经营活动现金流量的项目。

（3）"交易性金融资产"科目本期贷方发生额为100万元，"投资收益——转让交易性金融资产收益"科目贷方发生额为5万元；"长期股权投资"科目本期贷方发生额为200万元，该项投资未计提减值准备，"投资收益——转让长期股权投资收益"科目贷方发生额为6万元。假定转让上述投资均收到现金。

（4）2018年度发生的管理费用为2 200万元，其中：以现金支付退休职工统筹退休金350万元和管理人员工资950万元，存货盘亏损失25万元，计提固定资产折旧420万元，无形资产摊销200万元，其余均以现金支付。

（5）2018年期初应付股利30 000元，本期宣布并发放现金股利70 000元，期末应付股利10 000元。

（6）2018年前期出口商品一批，已交纳增值税，按规定应退增值税6 000元，前期未退，本期以转账方式收讫；本期收到退回的消费税款10 000元、收到的教育费附加返还款2 000元。

要求：

（1）计算甲公司2018年现金流量表中"销售商品、提供劳务收到的现金"项目的金额。

（2）计算甲公司2018年现金流量表中"经营活动产生的现金流量净额"项目的金额。

（3）计算甲公司2018年现金流量表中"收回投资所到的现金"项目的金额。

（4）计算甲公司2018年现金流量表中"支付的其他与经营活动有关的现金"项目的金额。

（5）计算甲公司2018年现金流量表中"分配股利、利润或偿付利息支付的现金"项目的金额。

（6）计算甲公司2018年现金流量表中"收到的税费返还"项目的金额。

第十章

财务报表分析

一、单项选择题

1. 正常情况下，表明企业的流动负债有足够的流动资产作保证，其营运资本应为（　　）。
    A. 0 B. 正数
    C. 负数 D. 不确定

2. 在流动比率大于 1 的情形下，下列结论成立的是（　　）。
    A. 速动比率大于 1 B. 营运资本大于 0
    C. 资产负债率大于 1 D. 短期偿债能力绝对有保障

3. 在计算速动比率时，之所以要扣除存货项目，是由于（　　）。
    A. 存货的价值变动较大 B. 存货的数量不易确定
    C. 存货的质量难以保证 D. 存货的变现能力较差

4. 2018 年 12 月 31 日，甲公司库存现金 50 万元，银行存款 800 万元，交易性金融资产 560 万元，应收账款 400 万元，存货 1 200 万元，流动负债 2 000 万元。此时甲公司的速动比率为（　　）。
    A. 0.305 B. 0.6
    C. 0.905 D. 1.505

5. 下列各项财务指标中，能稳健衡量企业短期偿债能力的是（　　）。
    A. 流动比率 B. 速动比率
    C. 现金比率 D. 以上均不是

6. 下列各项财务指标中，不能用来反映企业偿债能力的比率是（　　）。
    A. 产权比率 B. 资产负债率
    C. 利息保障倍数 D. 每股收益

7. 下列关于资产负债率的论述，错误的是（　　）。
    A. 该指标反映了债权人提供的资本占全部资本的比例
    B. 债权人希望资产负债率越低越好，否则其贷款不安全
    C. 对股东而言，资产负债率越低越好，因为财务风险小

D. 股东关心的是全部资本利润率是否超过借入资金的利率
8. 下列各项经济业务的发生,能提高企业利息保障倍数的是( )。
   A. 所得税税率降低   B. 成本下降增加利润
   C. 宣布并支付现金股利   D. 用抵押借款购买厂房
9. 下列各项表述中,正确的是( )。
   A. 流动比率大于1,则速动比率大于0.5
   B. 流动比率大于1,则速动比率大于0.2
   C. 流动比率大于1,则短期偿债能力绝对有保障
   D. 流动比率、速动比率、现金比率三者之间没有明确的数量关系,但可以进行比较
10. 下列各项经济业务的发生,不能增加变现能力的是( )。
    A. 偿债能力的声誉   B. 担保责任引起的负债
    C. 可动用的银行贷款指标   D. 准备很快变现的长期资产
11. 下列各项财务指标中,不能反映资产周转速度的指标是( )。
    A. 权益乘数   B. 存货周转率
    C. 流动资产周转率   D. 应收账款周转率
12. 甲公司 2018 年营业收入为 58 520 万元,年末资产总额为 20 120 万元,年初资产总额为 16 500 万元,则总资产周转率为( )次(计算时分母总资产用简单平均数)。
    A. 2.9   B. 3.2
    C. 3.5   D. 3.8
13. 甲公司 2018 年营业收入为 315 000 元,应收账款年末数为 18 000 元,年初数为 16 000 元,其应收账款周转次数为( )次(计算时分母应收账款用简单平均数)。
    A. 10.1   B. 15.8
    C. 18.5   D. 20.3
14. 甲公司 2018 年 12 月 31 日的部分财务报表数据为:流动负债为 6 000 万元,速动比率为 2.5,流动比率为 3,营业收入为 5 000 万元,则 2018 年存货周转次数为( )次(计算时分母存货用简单年末数)。
    A. 1.2   B. 1.67
    C. 2.4   D. 以上都不对
15. 下列各项财务指标中,最能体现企业经营目标的是( )。
    A. 销售净利率   B. 存货周转率
    C. 权益净利率   D. 总资产周转率
16. 如果企业的短期偿债能力很强,则货币资金及变现能力强的流动资产数额与流动负债的数额关系为( )。

A. 两者无关 B. 两者相等
C. 前者大于后者 D. 前者小于后者

17. 下列各项财务指标中，债权人最为关注的是（　　）。
A. 盈利能力 B. 营运能力
C. 长期偿债能力 D. 短期偿债能力

18. 当企业的资产负债率小于50%时，意味着（　　）。
A. 资不抵债 B. 偿债能力较差
C. 偿债能力较强 D. 不具备偿债能力

19. 下列各项财务指标中，投资人最关心的指标是（　　）。
A. 流动比率 B. 权益净利率
C. 销售净利率 D. 总资产净利率

20. 下列各项经济业务的发生，能导致销售净利率下降的是（　　）。
A. 加速折旧 B. 提高售价
C. 增加销售量 D. 降低单位成本

21. 企业及时收回应收账款，导致的结果为（　　）。
A. 降低速动比率 B. 降低流动比率
C. 增加流动比率 D. 不改变速动比率

22. 在传统的杜邦财务分析体系中，综合性最强的财务指标是（　　）。
A. 权益乘数 B. 权益净利率
C. 总资产周转率 D. 总资产净利率

二、多项选择题

1. 下列各项财务指标中，与财务杠杆作用相关的指标有（　　）。
A. 流动比率 B. 速动比率
C. 产权比率 D. 资产负债率

2. 企业的存货周转率恶化，可能是由于（　　）。
A. 低效率的生产 B. 销货需求增加
C. 存货的滞销或过时 D. 存货的过度购买

3. 企业流动比率过高，可能意味着（　　）。
A. 难以如期偿还债务 B. 应收账款占用过多
C. 流动资产占用过多 D. 在产品和产成品积压

4. 下列各项财务指标中，可用于分析企业盈利能力的指标有（　　）。
A. 存货周转率 B. 权益净利率
C. 总资产净利率 D. 利息保障倍数

5. 企业获得高质量的利润，应当体现在（　　）。
A. 资产获利状况良好

B. 企业对利润具有较好的支付能力
C. 主营业务具有较好的市场发展前景
D. 利润所带来的净资产增加能为企业的未来发展奠定良好的资产基础

6. 影响企业长期偿债能力的表外因素有（   ）。
   A. 长期经营性租赁   B. 长期融资性租赁
   C. 未做记录的或有负债   D. 为其他企业的贷款担保

7. 下列各项财务指标中，反映企业短期偿债能力的比率有（   ）。
   A. 流动比率   B. 速动比率
   C. 现金比率   D. 现金流量比率

8. 提高企业权益净利率的根本途径在于（   ）。
   A. 扩大销售   B. 加速资金周转
   C. 优化资本结构   D. 节约成本费用开支

9. 关于衡量短期偿债能力的指标，说法错误的有（   ）。
   A. 现金流量比率＝货币资金/流动负债
   B. 速动比率较低，表明企业没有能力偿还到期的债务
   C. 流动比率较高，表明企业有足够的现金或银行存款用来偿债
   D. 与其他财务指标相比，用现金流量比率评价短期偿债能力更加谨慎

10. 在杜邦财务分析体系中，下列说法中正确的有（   ）。
    A. 权益乘数大，则财务风险大   B. 权益乘数大，则权益净利率大
    C. 权益乘数等于资产权益率的倒数 D. 权益乘数大，则总资产净利率大

三、判断题

1. 速动比率是评价企业营运能力的指标。（   ）
2. 在企业正常经营条件下，速动比率往往大于流动比率。（   ）
3. 速动比率用于分析企业的短期偿债能力，因此，速动比率越大越好。（   ）
4. 企业的资产负债率越高表明企业的财务风险越大。（   ）
5. 企业应收账款周转率（次数）越小表明企业对应收账款的管理水平越高。（   ）
6. 如果期末股东权益大于期初股东权益，则说明通过企业经营使资本增值。（   ）
7. 权益乘数越大，财务杠杆作用就越大。（   ）
8. 权益乘数的高低取决于企业的资本结构：资产负债率越高，权益乘数越高，财务风险越大。（   ）
9. 最能体现企业经营目标的财务指标是总资产净利率。（   ）
10. 总资产净利率是评价企业盈利能力的指标。（   ）

四、计算题

1. 甲公司 2018 年度的有关资料如下：

存货：年初数 180 万元，年末数 240 万元

流动负债：年初数 150 万元，年末数 225 万元

速动比率：年初数 0.75

流动比率：年末数 1.6

总资产周转次数：本年数 1.2 次（计算时分母总资产用全年简单平均数）

总资产：全年简单平均数 900 万元

要求：

（1）计算甲公司 2018 年流动资产的年初数和年末数。

（2）计算甲公司 2018 年的营业收入。

（3）计算甲公司 2018 年流动资产平均余额和流动资产周转次数（计算时分母流动资产用简单平均数）。

2. 甲公司 2018 年年初有关财务数据如下：资产总额 900 万元，流动资产 240 万元；负债总额 300 万元，流动负债 120 万元。甲公司 2018 年年末有关财务数据如下：资产总额 1 500 万元，流动资产 300 万元；流动负债 240 万元；所有者权益 960 万元。

要求：

（1）计算甲公司 2018 年年初所有者权益。

（2）计算甲公司 2018 年年末负债。

（3）计算甲公司 2018 年年初和年末的流动比率。

（4）计算甲公司 2018 年年初和年末的资产负债率。

（5）计算甲公司 2018 年年初和年末的营运资本。

3. 甲公司 2018 年度资产负债表和利润表有关项目金额如下表所示。

资产负债表部分项目 单位：万元

报表项目	年初数	年末数
货币资金	740	960
应收票据及应收账款	2 700	3 560
存货	1 520	1 620
流动资产合计	4 960	6 140
非流动资产合计	7 360	7 960
资产总额	12 320	14 100
流动负债合计	2 000	3 000
非流动负债合计	2 928	4 050
负债总额	4 928	7 050

利润表部分项目 单位：万元

报表项目	上年累计金额	本年累计金额
营业收入	52 000	37 000
净利润	1 500	2 000

注：年初年末应收票据均为 0。

要求（小数点后保留三位小数）：

（1）根据报表资料，分别计算甲公司 2018 年年初和年末的流动比率。

（2）根据报表资料，分别计算甲公司 2018 年年初和年末的速动比率。

（3）根据报表资料，分别计算甲公司 2017 年和 2018 年的应收账款周转次数（计算时分母应收账款用年末数）。

（4）根据报表资料，分别计算甲公司 2017 年和 2018 年的销售净利率。

（5）根据报表资料，分别计算甲公司 2018 年年初和年末的资产负债率。

4. 甲公司 2018 年度有关损益类科目本年累计发生净额如下表所示。

单位：万元

科目名称	借方发生额	贷方发生额
主营业务收入		4 000 000
主营业务成本	2 000 000	
销售费用	200 000	
管理费用	160 000	
财务费用	40 000	
资产减值损失	100 000	
投资收益		1 000 000
营业外收入		800 000
营业外支出	600 000	
所得税费用	675 000	

甲公司 2018 年年末的资产总额为 800 万元，负债总额为 400 万元。

要求（小数点后保留三位小数）：

（1）计算甲公司 2018 年度的营业利润和净利润。

（2）计算甲公司 2018 年的总资产净利率与权益净利率（计算时分母总资产和股东权益均用年末数）。

5. 甲公司 2018 年 12 月 31 日资产负债表（简表）资料如下表所示。

单位：万元

资产	年初	年末	负债及所有者权益	年初	年末
流动资产			流动负债合计	450	300
货币资金	100	90	非流动负债合计	250	400
应收账款	120	180	负债合计	700	700
存货	230	360	所有者权益合计	700	700
流动资产合计	450	630			
固定资产	950	770			
总计	1 400	1 400	总计	1 400	1 400

该公司 2018 年度营业收入为 840 万元；净利润为 117.6 万元。

要求：

（1）计算甲公司 2018 年年末速动比率和资产负债率。

（2）计算甲公司 2018 年总资产周转次数、销售净利率与权益净利率（计算时分母总资产和股东权益均用年末数）。

模拟试卷（一）

一、单项选择题

1. 根据借贷记账法的账户结构，在账户贷方登记的是（　　）。
   A. 费用的增加　　　　　　　　B. 收入的减少
   C. 负债的增加　　　　　　　　D. 所有者权益的减少

2. 下列各项中，不属于原始凭证基本内容的是（　　）。
   A. 填制的日期　　　　　　　　B. 经济业务的内容
   C. 接受单位的名称　　　　　　D. 经济业务的记账方向

3. 企业转销无法支付的应付账款时，应将该应付账款账面余额计入（　　）。
   A. 资本公积　　　　　　　　　B. 营业外收入
   C. 其他业务收入　　　　　　　D. 其他应付款

4. 银行汇票存款的核算账户为（　　）。
   A. 库存现金　　　　　　　　　B. 银行存款
   C. 应收票据　　　　　　　　　D. 其他货币资金

5. 销售企业实际发生的现金折扣，应计入（　　）。
   A. 管理费用　　　　　　　　　B. 销售费用
   C. 财务费用　　　　　　　　　D. 主营业务收入

6. 我国企业会计准则规定，利润表采用的结构是（　　）。
   A. 单步式　　　　　　　　　　B. 多步式
   C. 账户式　　　　　　　　　　D. 报告式

7. 车间管理人员的薪酬，应计入（　　）。
   A. 销售费用　　　　　　　　　B. 财务费用
   C. 管理费用　　　　　　　　　D. 制造费用

8. 下列项目中，不在"其他业务收入"科目核算的是（　　）。
   A. 销售材料收入　　　　　　　B. 出租包装物收入
   C. 出售固定资产收入　　　　　D. 出租固定资产收入

9. 按照实际成本进行原材料核算时，一般不用的会计科目是（　　）。
   A. 原材料　　　　　　　　　　B. 在途物资
   C. 材料采购　　　　　　　　　D. 银行存款

10. 下列各项中，导致负债总额变化的是（   ）。
    A. 赊购商品   B. 发放股票股利
    C. 开出银行汇票   D. 用盈余公积转增资本

二、多项选择题

1. 企业持有的下列票据，应在"其他货币资金"账户核算的有（   ）。
    A. 现金支票   B. 银行本票
    C. 银行汇票   D. 商业汇票
2. 下列各项中，属于所有者权益的主要来源有（   ）。
    A. 资本溢价   B. 留存收益
    C. 长期股权投资减值准备   D. 直接计入所有者权益的利得或者损失
3. 下列账户中，在会计期末一定没有余额的有（   ）。
    A. 管理费用   B. 实收资本
    C. 生产成本   D. 销售费用
4. 下列项目中，应通过"应付职工薪酬"账户核算的有（   ）。
    A. 职工福利费   B. 住房公积金
    C. 非货币性福利   D. 职工工资、奖金、津贴和补贴
5. 下列各项经济业务中，不应记入"制造费用"科目借方的有（   ）。
    A. 展览费   B. 业务招待费
    C. 车间发生的办公费   D. 车间管理人员的工资和福利费
6. 流动比率过高，可能意味着（   ）。
    A. 难以如期偿还债务   B. 应收账款占用过多
    C. 企业的流动资产占用过多 D. 在产品和产成品呆滞、积压
7. 现金流量表中企业一定期间产生的现金流量类别有（   ）。
    A. 经营活动现金流量   B. 管理活动现金流量
    C. 投资活动现金流量   D. 筹资活动现金流量
8. 下列项目中，增值税一般纳税人不应确认为收入的有（   ）。
    A. 销售商品的价款   B. 销售商品代垫的运杂费
    C. 销售商品收取的增值税   D. 出售飞机票时代收的保险费
9. 下列关于交易性金融资产的计量，不正确的有（   ）。
    A. 资产负债表日，企业应将金融资产的公允价值变动计入当期所有者权益
    B. 应当按取得该金融资产的公允价值和相关交易费用之和作为初始确认金额
    C. 应当按取得该金融资产的公允价值作为初始确认金额，相关交易费用在发生时计入当期损益
    D. 处置该金融资产时，其公允价值与初始入账金额之间的差额应确认为投资收益，不调整公允价值变动损益

10. 下列有关固定资产的特征和确认条件的描述，正确的有（　　）。
    A. 固定资产是有形资产
    B. 使用寿命超过一个会计年度
    C. 为生产商品、提供劳务、出租、出售或者经营管理而持有
    D. 所有权是否转移，是判断与固定资产所有权相关的风险和报酬是否转移到企业的唯一标志

三、判断题

1. 处置债权投资时，应将所得价款与该投资账面价值之间的差额计入投资收益。（　　）
2. 实行双倍余额递减法计提折旧的固定资产，应当在该固定资产折旧年限到期以前两年内，将该固定资产净值（扣除净残值）平均摊销。（　　）
3. 企业按国家规定缴纳住房公积金时，应借记"管理费用"账户，贷记"银行存款"账户。（　　）
4. 企业采用的账务处理程序不同，编制财务报表的依据也不相同。（　　）
5. 已计入各期费用的研究开发费用，在该项无形资产获得成功并依法申请专利时，再将原已计入费用的研究开发费予以资本化。（　　）
6. 在现金流量表中，企业应分别按经营活动、投资活动和筹资活动列报其现金流量。（　　）
7. 企业预付账款不多的，可以不设"预付账款"账户，企业预付货款时，直接将其记入"应付账款"账户的贷方。（　　）
8. 增值税一般纳税人的增值税不直接影响企业的利润。（　　）
9. 当月增加的固定资产，当月计提折旧，当月减少的固定资产，当月不计提折旧。（　　）
10. 在企业正常经营条件下，速动比率往往大于流动比率。（　　）

四、计算及账务处理题

1. 甲公司2018年12月份发生与银行存款有关的业务如下：
（1）12月28日，甲公司收到乙公司开出的480万元转账支票，交存银行。该笔款项系乙公司违约支付的赔款，甲公司将其计入当期损益。
（2）12月29日，甲公司开出转账支票支付丙公司咨询费360万元，并于当日交给丙公司。
（3）12月31日，甲公司银行存款日记账余额为432万元，银行转来对账单余额为664万元。经逐笔核对，发现以下未达账项：
①甲公司已将12月28日收到的乙公司赔款登记入账，但银行尚未记账；
②丙公司尚未将12月29日收到的支票送存银行，银行尚未记账；

③甲公司委托银行代收丁公司购货款384万元，银行已于12月30日收妥并登记入账，但甲公司尚未收到收款通知。

④12月份甲公司发生借款利息32万元，银行已减少其存款，但甲公司尚未收到银行的付款通知。

要求：

（1）编制甲公司上述业务（1）和（2）的会计分录。

（2）根据上述资料编制甲公司银行存款余额调节表。

2. 2018年3月至5月，甲公司发生有关的经济业务资料如下：

（1）3月1日，划出投资款1 000万元，款项已转入专户。

（2）3月2日，委托乙证券公司购入丙上市公司股票100万股，每股8元，另发生相关的交易费用2万元，并将该股票划分为交易性金融资产。

（3）3月31日，该股票在证券交易所的收盘价格为每股7.70元。

（4）4月30日，该股票在证券交易所的收盘价格为每股8.10元。

（5）5月10日，将所持有的该股票全部出售，所得价款825万元，已存入银行。假定不考虑相关税费。

要求：

（1）编制甲公司3月1日划出投资款的会计分录。

（2）编制甲公司3月2日购入丙公司股票的会计分录。

（3）编制甲公司3月31日对购入的丙公司股票再计量的会计分录。

（4）编制甲公司4月30日对购入的丙公司股票再计量的会计分录。

（5）编制甲公司5月10日将持有的丙公司股票全部出售的会计分录。

3. 甲公司系增值税一般纳税人，适用增值税税率为16%。商品销售价格不含增值税，在确认销售收入时逐笔结转销售成本。假定不考虑其他相关税费。2018年6月份甲公司发生如下业务：

（1）6月2日，向乙公司销售A商品1 600件，标价总额为800万元（不含增值税），商品实际成本为480万元。为了促销，甲公司给予乙公司15%的商业折扣并开具了增值税专用发票。甲公司已发出商品，并向银行办理了托收手续。

（2）6月15日，甲公司将部分A商品作为福利发放给本公司职工，其中生产工人500件，行政管理人员40件，专设销售机构人员60件，该商品每件市场价格为0.4万元（与计税价格一致），实际成本0.3万元。

要求（"应交税费"科目要求写出明细科目及专栏名称）：

（1）编制甲公司6月2日向乙公司销售A商品确认销售收入的会计分录。

（2）编制甲公司6月2日向乙公司销售A商品结转销售成本的会计分录。

（3）编制甲公司6月15日将部分A商品作为福利发放给本公司职工的会计分录。

4. 甲公司系增值税一般纳税人，材料按实际成本核算。2018年6月采购原材料时发生如下经济业务：

（1）6月3日，向乙公司采购材料，开出转账支票一张，预付材料款100 000元。

（2）6月25日，收到乙公司的材料及有关结算凭证，材料价款为100 000元，增值税为16 000元，材料已验收入库。

（3）7月1日，开出转账支票一张，补付材料款17 000元。

要求：

（1）编制甲公司6月3日预付款项时的会计分录。

（2）编制甲公司6月25日收到材料时的会计分录。

（3）编制甲公司7月1日补付货款时的会计分录。

模拟试卷（二）

一、单项选择题

1. 借贷记账法的理论基础是（　　）。
   A. 会计要素　　　　　　　　B. 会计原则
   C. 会计等式　　　　　　　　D. 复式记账法
2. 会计核算中权责发生制和收付实现制的基础是（　　）。
   A. 会计主体　　　　　　　　B. 持续经营
   C. 会计分期　　　　　　　　D. 货币计量
3. 企业发生无法支付的应付账款时，应记入的账户是（　　）。
   A. 管理费用　　　　　　　　B. 资本公积
   C. 营业外支出　　　　　　　D. 营业外收入
4. 股份有限公司增资扩股时，投资者实际缴纳的出资额大于其按约定比例计算的其在注册资本中所占份额部分，应作为（　　）。
   A. 股本溢价　　　　　　　　B. 实收资本
   C. 盈余公积　　　　　　　　D. 营业外收入
5. 下列各项中，不属于职工薪酬准则中规定的职工的是（　　）。
   A. 临时雇员　　　　　　　　B. 兼职会计
   C. 监事人员　　　　　　　　D. 提供审计服务的注册会计师
6. 存货采用先进先出法计价，在存货物价上涨的情况下，将会使企业的（　　）。
   A. 期末存货升高，当期利润减少
   B. 期末存货升高，当期利润增加
   C. 期末存货降低，当期利润增加
   D. 期末存货降低，当期利润减少
7. 采用年数总和法计提折旧，折旧额（　　）。
   A. 逐年递减　　　　　　　　B. 逐年递增
   C. 各年不变　　　　　　　　D. 有时增加有时减少
8. 编制利润表的资料来源是有关账户的（　　）。
   A. 期初余额　　　　　　　　B. 期末余额
   C. 本期发生额净额　　　　　D. 发生额累计数

9. 企业在编制资产负债表时，所有者权益排序的依据是（　　）。
   A. 按偿还期限　　　　　　　　　B. 按流动性
   C. 按投入时间　　　　　　　　　D. 按其留在企业的永久程度
10. 下列各项中，不属于偿债比率的是（　　）。
    A. 产权比率　　　　　　　　　　B. 资产负债率
    C. 应收账款周转率　　　　　　　D. 利息保障倍数

二、多项选择题

1. 会计信息的质量特征包括（　　）。
   A. 可比性　　　　　　　　　　　B. 相关性
   C. 可靠性　　　　　　　　　　　D. 配比性
2. 根据借贷记账法的账户结构，在账户借方登记的有（　　）。
   A. 费用的增加　　　　　　　　　B. 收入的减少
   C. 负债的增加　　　　　　　　　D. 所有者权益的减少
3. 下列各项中，属于会计计量属性的有（　　）。
   A. 现值　　　　　　　　　　　　B. 重置成本
   C. 历史成本　　　　　　　　　　D. 公允价值
4. 下列账户明细核算适用于只采用三栏式明细账的有（　　）。
   A. 应收账款　　　　　　　　　　B. 应付账款
   C. 预付账款　　　　　　　　　　D. 预收账款
5. 下列项目中，属于未达账项的有（　　）。
   A. 企业将收取的转账支票送存银行，并登记银行存款增加，但银行尚未记账
   B. 银行代企业支付水费，并登记企业银行存款减少，但企业尚未收到银行付款通知，尚未记账
   C. 企业开出转账支票，并登记银行存款减少，但收款单位尚未持票到银行办理转账，银行尚未记账
   D. 银行代企业支付电话费 6 800 元，并登记企业银行存款减少 6 800 元，但企业在收到银行付款通知后，将银行存款减少额登记为 680 元
6. 企业向银行借款，引起会计要素变化的有（　　）。
   A. 资产增加　　　　　　　　　　B. 负债减少
   C. 负债增加　　　　　　　　　　D. 所有者权益增加
7. 下列经济业务或事项中，属于负债的有（　　）。
   A. 预收账款　　　　　　　　　　B. 贷款计划
   C. 应付职工薪酬　　　　　　　　D. 应交的教育费附加

8. "固定资产清理"账户贷方登记的项目有（   ）。
   A. 变价收入   B. 结转的清理净损失
   C. 结转的清理净收益   D. 转入清理的固定资产的净值
9. 下列各项中，能使企业负债总额减少的有（   ）。
   A. 计提应付债券利息
   B. 用银行存款缴纳增值税
   C. 用银行存款偿还前期货款
   D. 从银行借款偿还短期借款
10. 下列项目中，应计入管理费用的有（   ）。
    A. 公司业务招待费   B. 专设销售部门办公费
    C. 行政管理部门人员奖金 D. 行政管理部门人员工资

三、判断题

1. 实质重于形式要求企业应当按照交易或者事项的经济实质进行会计确认、计量和报告，不应仅以交易或者事项的法律形式为依据。（   ）
2. 对于涉及库存现金和银行存款之间的收、付款业务，一般编制转账凭证。（   ）
3. 收入能够导致企业所有者权益增加，但导致所有者权益增加的不一定是收入。（   ）
4. 短期借款利息在预提或实际支付时均应通过"短期借款"科目核算。（   ）
5. 按双倍余额递减法计提的折旧额在任何时期都大于按年限平均法计提的折旧额。（   ）
6. 持有至到期投资在持有期间应当按照公允价值计量，公允价值与账面价值的差额计入投资收益。（   ）
7. 投资企业对被投资单位具有共同控制或重大影响的长期股权投资，应当采用成本法核算。（   ）
8. 在采用预收货款方式销售产品的情况下，应当在收到货款时确认收入的实现。（   ）
9. 利润表是资产负债表的补充报表，用于补充说明各项资产增减变动的原因，以及股东变动的原因。（   ）
10. 总资产净利率是评价企业盈利能力的指标。（   ）

四、计算及账务处理题

1. 甲公司2018年12月31日在对存货进行清查时发生如下事项：
（1）在存货清查中盘盈A材料300千克，市场价格20元/千克，经查属于材料收发计量错误。

（2）在存货清查中发现盘亏 B 材料 500 千克，实际单位成本 40 元/千克，经确认该批材料应负担的增值税为 3 400 元，经查属于材料保管员张三的过失造成的，按规定由其个人赔偿 5 000 元，残料已办理入库手续，价值 1 000 元。

（3）在存货清查中发现因火灾造成一批 C 材料毁损，实际成本 50 000 元，经确认该批原材料应负担的增值税为 8 500 元，根据保险责任范围及保险合同规定，应由新华保险公司赔偿 30 000 元。

要求：

（1）编制甲公司 A 材料盘盈的会计分录。

（2）编制甲公司 B 材料盘亏的会计分录。

（3）编制甲公司 C 材料毁损的会计分录。

2. 甲公司发生了如下无形资产业务：

（1）甲公司 2018 年 1 月 1 日从外单位购得一项商标权，价款 1 200 000 元，款项已经支付。甲公司预计该商标权的使用寿命为 10 年，以直线法摊销预期实现的经济利益。不考虑残值。

（2）2020 年 1 月 1 日，在使用该商标两年后，甲公司将该商标权出售，取得收入 1 000 000 元。款项已经收讫并存入银行。

要求：

（1）编制甲公司 2018 年 1 月 1 日购买商标权的会计分录。

（2）编制甲公司 2018 年和 2019 年对该商标权进行摊销的会计分录。

（3）编制甲公司 2020 年 1 月 1 日出售该商标权的会计分录。

3. 甲公司原材料按实际成本核算。2018 年 12 月 1 日结存 A 材料 200 千克，每千克实际成本 50 元。本月发生如下有关业务：

（1）5 日，购入 A 材料 40 千克，每千克实际成本 75 元，材料已验收入库。

（2）15 日，购入 A 材料 120 千克，每千克实际成本 35 元，材料已验收入库。

（3）31 日，发出 A 材料 300 千克。

要求：

（1）根据上述资料，采用先进先出法计算 12 月 31 日 A 材料发出及结存的成本。

（2）如果上述原材料被车间管理部门领用，编制当日发出材料的会计分录。

（3）根据上述资料，采用加权平均法计算 12 月 31 日 A 材料发出及结存的成本。

（4）如果上述用加权平均法计价的原材料被企业行政管理部门领用，请编制当日发出材料业务的会计分录。

4. 甲公司 2018 年发生的长期借款和厂房建造业务如下：

（1）2018 年 1 月 1 日，为建造一幢厂房从银行取得长期借款 800 万元，期限 3

年，合同年利率6%（合同利率等于实际利率），不计复利，每年末计提并支付利息一次，到期一次还本。

（2）2018年1月1日，开始建造厂房，当日用该借款购买工程物资500万元（不考虑增值税），全部用于工程建设，同时支付工程款300万元。

（3）2018年12月31日，厂房工程完工并验收合格，达到预定可使用状态。厂房达到预定可使用状态前发生的借款利息全部予以资本化。该厂房预计使用年限为20年，预计净残值为8万元，采用年限平均法计算折旧。假定未发生其他建造支出。

要求：

（1）编制甲公司2018年1月1日取得长期借款时的会计分录。

（2）编制甲公司2018年12月31日计提长期借款利息时的会计分录。

（3）编制甲公司2018年12月31日厂房工程完工时的会计分录。

（4）计算甲公司厂房2019年应计提的折旧额并编制计提折旧额的会计分录。

（5）编制甲公司2019年12月31日计提长期借款利息时的会计分录。

模拟试卷（三）

一、单项选择题

1. 企业应当以实际发生的交易或者事项为依据进行确认、计量和报告，体现的会计信息质量要求是（   ）。
   A. 可靠性/如实反映　　　　　　　B. 相关性
   C. 可比性　　　　　　　　　　　D. 重要性

2. 按照会计信息提供的详略程度的不同，会计账簿可以分为（   ）。
   A. 总账和明细账　　　　　　　　B. 活页账和订本账
   C. 总账和日记账　　　　　　　　D. 三栏式账户和多栏式账户

3. 采用复式记账的方法，主要为了（   ）。
   A. 便于登记账簿
   B. 提高会计工作效率
   C. 便于会计人员的分工协作
   D. 全面地、相互联系地反映资金运动的来龙去脉

4. 根据借贷记账法的账户结构，在账户贷方登记的是（   ）。
   A. 费用的增加　　　　　　　　　B. 收入的减少
   C. 负债的增加　　　　　　　　　D. 所有者权益的减少

5. 甲公司系增值税一般纳税人，甲公司本期购入原材料，增值税专用发票记载原材料价款为 20 万元，增值税税额为 3.2 万元，商品到达验收时发现缺少 20%，其中 10% 是合理损耗，其他原因待查。则该材料入库的实际成本是（   ）元。
   A. 160 000　　　　　　　　　　B. 180 000
   C. 185 600　　　　　　　　　　D. 208 800

6. 甲公司销售产品每件 440 元，若客户购买 200 件（含 200 件）以上可得到每件 40 元的商业折扣。某客户 2018 年 8 月 8 日购买该企业产品 200 件，按规定现金折扣条件为 2/10，1/20，n/30（现金折扣时考虑增值税）。适用的增值税税率为 16%。该企业于 8 月 24 日收到该笔款项，则实际收到的款项为（   ）元。
   A. 91 872　　　　　　　　　　　B. 92 800
   C. 92 872　　　　　　　　　　　D. 102 960

7. 采用年数总和法计提折旧，折旧额（   ）。
   A. 逐年递减　　　　　　　　　　B. 逐年递增

C. 各年不变　　　　　　　　　D. 有时增加有时减少

8. 关于无形资产的后续计量，下列说法正确的是（　　）。
   A. 无形资产的摊销方法只有直线法
   B. 使用寿命不确定的无形资产应按 10 年期限摊销
   C. 使用寿命不确定的无形资产应按系统合理的方法摊销
   D. 企业无形资产摊销方法，应当反映与该项无形资产有关的经济利益的预期实现方式

9. 编制资产负债表的资料来源是（　　）。
   A. 总账期末余额　　　　　　B. 总账和某些明细账的期末余额
   C. 总账本期发生额　　　　　D. 总账和某些明细账的本期发生额

10. 从数量上看，企业未分配利润应等于（　　）。
    A. 期初未分配利润 + 本期实现利润总额
    B. 期初未分配利润 + 本期实现净利润 - 分配的利润
    C. 期初未分配利润 + 本期实现净利润 - 提取的盈余公积 - 分配的利润
    D. 期初未分配利润 + 本期实现利润总额 - 提取的盈余公积 - 分配的利润

二、多项选择题

1. FASB 与 IASB 的联合概念框架确定的有用财务信息的基本质量特征包括（　　）。
   A. 相关性　　　　　　　　　B. 及时性
   C. 可比性　　　　　　　　　D. 如实反映

2. 下列有关经济业务的发生对"资产 = 负债 + 所有权权益"的影响，表述正确的有（　　）。
   A. 可能只影响会计方程式的某一边
   B. 可能同时影响会计方程式的左右两边
   C. 可能是会计方程式两边一边增加，另一边减少
   D. 无论发生任何经济业务，都不会影响会计等式的平衡关系

3. 下列资产中，属于流动资产的有（　　）。
   A. 库存现金　　　　　　　　B. 银行存款
   C. 库存商品　　　　　　　　D. 固定资产

4. 长期股权投资成本法的适用范围有（　　）。
   A. 投资企业能够对被投资企业实施控制的长期股权投资
   B. 投资企业对被投资企业具有共同控制的长期股权投资
   C. 投资企业对被投资企业具有重大影响的长期股权投资
   D. 投资企业对被投资企业不具有共同控制或重大影响，并且在活跃市场中没有报价、公允价值不能可靠计量的长期股权投资

5. 下列负债中不需要支付利息的项目有（　　）。
   A. 短期借款　　　　　　　　　　B. 应付职工薪酬
   C. 应付账款　　　　　　　　　　D. 不带息商业汇票
6. "银行存款"账户核算的内容包括（　　）。
   A. 外埠存款　　　　　　　　　　B. 外币存款
   C. 银行本票存款　　　　　　　　D. 人民币存款
7. 下列项目中，应通过"应付职工薪酬"账户核算的有（　　）。
   A. 职工福利费　　　　　　　　　B. 住房公积金
   C. 非货币性福利　　　　　　　　D. 职工工资、奖金、津贴和补贴
8. 增值税一般纳税人，下列项目中不应确认为收入的有（　　）。
   A. 销售商品的价款　　　　　　　B. 销售商品收取的增值税
   C. 销售商品代垫的运杂费　　　　D. 出售飞机票时代收的保险费
9. 下列各项中，属于企业现金流量表"筹资活动产生的现金流量"的有（　　）。
   A. 吸收投资收到的现金　　　　　B. 分配利润支付的现金
   C. 取得借款收到的现金　　　　　D. 投资收到的现金股利
10. 下列各项财务指标中，反映企业短期偿债能力的比率有（　　）。
    A. 流动比率　　　　　　　　　　B. 速动比率
    C. 现金比率　　　　　　　　　　D. 现金流量比率

三、判断题

1. 购进存货享受的现金折扣时，应将折扣部分冲减存货成本。（　　）
2. 在我国，股票只按面值发行，不允许按溢价、折价发行。（　　）
3. 使用寿命不确定的无形资产在持有期间内不需要摊销。（　　）
4. 银行存款余额调节表是调整企业银行存款账面余额的原始凭证。（　　）
5. 企业应当根据税法的规定合理选择固定资产折旧方法。（　　）
6. 企业管理人员外出从事公务活动所发生的差旅费用，不应计入应付职工薪酬。（　　）
7. 资产负债表中，预付款项项目的金额直接根据预付账款总账账户的期末借方余额填列。（　　）
8. 长期股权投资采用成本法核算的，被投资单位宣告发放现金股利时，应借记"应收股利"账户，贷记"投资收益"或"长期股权投资"账户。（　　）
9. 已计入各期费用的研究开发费用，在该项无形资产获得成功并依法申请专利时，再将原已计入费用的研究开发费予以资本化。（　　）
10. 由于会计年度末正值元旦放假，为尽快完成财务报表编报，可以于会计年度结束前提前结账，提前编制财务报表。（　　）

四、计算及账务处理题

1. 甲公司系增值税一般纳税人，2018年12月有关经济业务资料如下：

（1）12月1日，应收账款期初余额为600万元，其坏账准备贷方余额为25万元。

（2）12月8日，向乙公司销售产品500件，单价2万元，增值税税率为16%，单位销售成本1万元，款项尚未收到。

（3）12月24日，确认应收丙公司的一笔货款收不回来，发生坏账损失15万元。

（4）12月28日，收回丁公司所欠货款250万元。

（5）12月31日，甲公司对所有应收账款的债务人进行信用评估后发现信用等级一致，甲公司决定对其所有应收账款按5%计提坏账准备。

要求：

（1）编制甲公司12月8日向乙公司销售商品确认销售收入时的会计分录。

（2）编制甲公司12月8日向乙公司销售商品结转销售成本时的会计分录。

（3）编制甲公司12月24日确认坏账损失时的会计分录。

（4）编制甲公司12月28日收回丁公司所欠货款时的会计分录。

（5）计算甲公司12月31日应该计提（或冲销）的坏账准备金额。

（6）编制甲公司12月31日计提（或冲销）坏账准备时的会计分录。

2. 2018年5月13日，甲公司以每股8元的价格购入乙公司股票60万股作为交易性金融资产，另支付相关税费共4万元。2018年6月30日该股票每股市价为7.5元。2018年8月3日以8.5元的价格将持有的该金融资产全部出售，出售时支付的相关税费为5万元。假定甲公司每年6月30日、12月31日对外提供财务报告。

要求：

（1）编制甲公司2018年5月13日取得投资时的会计分录。

（2）编制甲公司2018年6月30日对该股票投资期末计量的会计分录。

（3）编制甲公司2018年8月3日将该股票投资出售时的会计分录。

3. 甲公司2018年1月1日按照面值发行3年期、票面利率为12%的公司债券。该批债券的面值为1 000 000元，每年12月31日付息一次，到期还本。该债券利息不满足资本化条件，实际利率与票面利率一致。

要求：

（1）编制甲公司2018年1月1日债券发行时的会计分录。

（2）编制甲公司2018年12月31日计提债券利息时的会计分录。

（3）编制甲公司2018年12月31日支付利息时的会计分录。

（4）编制甲公司2020年12月31日债券到期还本时的会计分录。

4. 甲公司 2018 年 12 月 31 日资产负债表（简表）资料如下表所示。

单位：万元

资产	年初	年末	负债及所有者权益	年初	年末
流动资产：			流动负债合计	1 350	900
货币资金	300	270	非流动负债合计	750	1 200
应收票据及应收账款	360	540	负债合计	2 100	2 100
存货	690	1 080	所有者权益合计	2 100	2 100
流动资产合计	1 350	1 890			
固定资产	2 850	2 310			
总计	4 200	4 200	总计	4 200	4 200

该公司 2018 年度营业收入为 2 520 万元；净利润为 352.8 万元。

要求：

（1）计算甲公司 2018 年年末速动比率和资产负债率。

（2）计算甲公司 2018 年总资产周转次数、销售净利率与权益净利率（计算时分母总资产和股东权益均用年末数）。

模拟试卷（四）

一、单项选择题

1. 下列各项中，不属于会计信息质量特征的是（　　）。
   A. 及时性　　　　　　　　　B. 谨慎性
   C. 相似性　　　　　　　　　D. 可比性

2. 根据借贷记账法的账户结构，在账户贷方登记的是（　　）。
   A. 费用的增加　　　　　　　B. 收入的减少
   C. 负债的增加　　　　　　　D. 所有者权益的减少

3. 下列各项中，不能确认为企业无形资产的是（　　）。
   A. 自创的商誉　　　　　　　B. 购入的专利权
   C. 自创的专利权　　　　　　D. 购入的商标权

4. 下列各项中，不属于损益类会计科目的是（　　）。
   A. 制造费用　　　　　　　　B. 销售费用
   C. 财务费用　　　　　　　　D. 管理费用

5. 下列各项中，会引起留存收益总额发生增减变动的是（　　）。
   A. 盈余公积补亏　　　　　　B. 盈余公积转增资本
   C. 资本公积转增资本　　　　D. 用税后利润补亏

6. "预付账款"科目明细账中若有贷方余额，应将其计入资产负债表中的（　　）项目。
   A. 应收票据及应收账款　　　B. 预收款项
   C. 应付票据及应付账款　　　D. 预付款项

7. 下列各项中，不包括在资产负债表"存货"项目的是（　　）。
   A. 工程物资　　　　　　　　B. 库存商品
   C. 发出商品　　　　　　　　D. 材料成本差异

8. 现金流量表的编制基础是（　　）。
   A. 流动资产　　　　　　　　B. 库存现金
   C. 速动资产　　　　　　　　D. 现金及现金等价物

9. 下列各项中，能导致销售净利率下降的是（　　）。
   A. 加速折旧　　　　　　　　B. 提高售价
   C. 增加销售量　　　　　　　D. 降低单位成本

10. 下列财务比率中，综合性最强的财务比率是（　　）。
    A. 权益乘数　　　　　　　　　B. 销售净利率
    C. 权益净利率　　　　　　　　D. 总资产净利率

二、多项选择题

1. 会计信息重要性判断的视角有（　　）。
    A. 项目的性质　　　　　　　　B. 项目的金额
    C. 项目的执行人　　　　　　　D. 项目的决策程序
2. 复合会计分录是指（　　）。
    A. 一借一贷的会计分录　　　　B. 一借多贷的会计分录
    C. 多借一贷的会计分录　　　　D. 多借多贷的会计分录
3. 下列结算方式中，适用于异地结算的有（　　）。
    A. 汇兑　　　　　　　　　　　B. 银行本票
    C. 商业汇票　　　　　　　　　D. 银行汇票
4. 银行存款账户可分为（　　）。
    A. 一般存款账户　　　　　　　B. 临时存款账户
    C. 专用存款账户　　　　　　　D. 基本存款账户
5. 下列各项中，属于所有者权益构成内容的有（　　）。
    A. 资本公积　　　　　　　　　B. 实收资本
    C. 盈余公积　　　　　　　　　D. 已分配利润
6. 根据《企业会计准则——无形资产》（2006）的规定，下列项目中，可以确认为无形资产的有（　　）。
    A. 商誉　　　　　　　　　　　B. 购入的版权
    C. 购入的专利权　　　　　　　D. 有偿取得的特许经营权
7. 下列各项中，属于对外投资的有（　　）。
    A. 长期股权投资　　　　　　　B. 固定资产投资
    C. 交易性金融资产　　　　　　D. 债权投资
8. 企业向银行借款，引起会计要素变化的有（　　）。
    A. 资产增加　　　　　　　　　B. 负债减少
    C. 负债增加　　　　　　　　　D. 所有者权益增加
9. 企业实收资本或股本增加的途径有（　　）。
    A. 发放股票股利　　　　　　　B. 接受投资者实物投资
    C. 经批准用盈余公积转增　　　D. 经批准用资本公积转增
10. 上市公司对外提供的财务报表至少应包括（　　）。
    A. 利润表　　　　　　　　　　B. 资产负债表
    C. 现金流量表　　　　　　　　D. 所有者权益变动表

三、判断题

1. 财务会计报告目标仅对外部会计信息使用者有效,与内部管理者受托责任无关。（　）
2. 可比性原则要求企业的会计程序和会计方法一经选定,不得变更。（　）
3. 在编制记账凭证时,原始凭证就是记账凭证的附件。（　）
4. 账户的期末余额方向通常和记录增加的发生额一方在同一方向。（　）
5. 在借贷记账法下,账户的借方登记增加数,贷方登记减少数。（　）
6. 采购材料在运输途中发生的合理损耗应计入管理费用。（　）
7. 工作量法计提折旧的特点是每年提取的折旧额相等。（　）
8. 现金股利和股票股利都是被投资单位给投资企业的报酬,因此,投资企业均应确认收益。（　）
9. 职工薪酬包括以商业保险形式提供的保险待遇。（　）
10. 现金流量表是以库存现金为基础进行编制的。（　）

四、计算及账务处理题

1. 甲公司系增值税一般纳税人,2018年7月6日以银行存款购入需安装的生产设备一套,增值税专用发票注明的设备价款为8 000 000元,增值税税额为1 280 000元,该机器设备购回后直接投入安装。当月安装完毕投入使用,该公司在7月31日用银行存款支付安装费80 000元。该公司对该项固定资产采用年限平均法计提折旧,预计使用年限为5年,预计净残值为80 000元。2023年12月31日,该机器设备正常报废,处置所得70 000元已存入银行。不考虑其他税费。

要求:

（1）编制甲公司2018年7月6日购入设备时的会计分录。
（2）编制甲公司2018年7月31日支付设备安装费时的会计分录。
（3）编制甲公司2018年7月31日设备投入使用时的会计分录。
（4）编制甲公司2023年12月31日处置设备时的会计分录。

2. 甲公司2018年12月有关职工薪酬的资料如下:

（1）2018年12月,甲公司的"工资结算汇总表"显示:该月应付职工工资总额为2 000 000元,其中产品生产人员工资为1 000 000元,车间管理人员工资为600 000元,企业行政管理人员工资为300 000元,销售人员工资为100 000元。在扣除了代职工支付的房租80 000元和代垫的职工家属医药费20 000元后,该公司实际应发放的工资金额为1 900 000元。

（2）甲公司于2018年12月31日向银行提取了1 900 000元现金用于工资发放,并于当日对职工实际支付了工资。

要求：

（1）编制甲公司2018年12月分配本月份工资费用的会计分录。

（2）编制甲公司2018年12月31日从银行提取现金用于发放工资的会计分录。

（3）编制甲公司2018年12月31日向职工发放工资时的会计分录。

（4）编制甲公司2018年12月31日从工资总额中代扣各种款项的会计分录。

3. 甲公司系增值税一般纳税人，2018年12月发生以下经济业务：

（1）1日，将60 000元现金存入银行。

（2）6日，从银行借入年利率为12%，期限为3年的借款80 000元。

（3）9日，以银行存款500 000元购入一项非专利技术。

（4）18日，销售产品200件，单位售价500元，单位成本400元，适用增值税税率为16%，款项尚未收到。

（5）22日，用银行存款预先支付材料款40 000元给丙公司。

（6）29日，收到丙公司发来的材料一批验收入库，取得的增值税专用发票上注明的价款40 000元，增值税税额6 400元（甲公司对材料采用实际成本核算）。

要求：

（1）编制甲公司2018年12月1日将现金存入银行的会计分录。

（2）编制甲公司2018年12月6日从银行借款的会计分录。

（3）编制甲公司2018年12月9日购入非专利技术的会计分录。

（4）编制甲公司2018年12月18日销售产品时的会计分录。

（5）编制甲公司2018年12月22日预付材料款时的会计分录。

（6）编制甲公司2018年12月29日收到丙公司发来材料的会计分录。

4. 甲公司2018年年初：资产总额300万元，流动资产80万元；负债总额100万元，流动负债40万元；年末：资产总额500万元，流动资产100万元；流动负债80万元；所有者权益320万元。

要求：

（1）计算甲公司2018年年初所有者权益。

（2）计算甲公司2018年年末负债。

（3）计算甲公司2018年年初和年末的流动比率。

（4）计算甲公司2018年年初和年末的资产负债率。

（5）计算甲公司2018年年初和年末的营运资本。

附　录

自测题、案例分析与补充阅读

附录一：会计学自测题（单项选择题）

请将你的选项填入下表中。

1	2	3	4	5	6	7	8	9	10	11	12	13	14	15	16	17	18	19	20	21	22	23	24	25
26	27	28	29	30	31	32	33	34	35	36	37	38	39	40	41	42	43	44	45	46	47	48	49	50
51	52	53	54	55	56	57	58	59	60	61	62	63	64	65	66	67	68	69	70	71	72	73	74	75
76	77	78	79	80	81	82	83	84	85	86	87	88	89	90	91	92	93	94	95	96	97	98	99	100

1. 在我国西周时代，就有会计一词，并有专门会计官员，当时对会计官员的称谓是（　　）。

　　A. 会计师　　　　　　　　　　B. 会计员
　　C. 天官　　　　　　　　　　　D. 司会

2. 在西方会计发展历程中，有一个人、一部书，其人被奉为"现代会计之父"，其书被奉为会计经典中的经典。其人、其书是（　　）。

　　A. 1494年卢卡·帕乔利的《数学大全》
　　B. 1605年斯蒂文的《数学惯例》
　　C. 1933年利特尔顿的《1900年前会计的发展》
　　D. 1974年查特菲尔德的《会计思想史》

3. 复式记账是人类智慧的一种绝妙创造之一，从而使每一个精明的商人在他的事业中自觉或者不自觉地都必须应用它。对此进行精辟概括的著名作家和诗人是（　　）。

  A. 泰戈尔   B. 普希金
  C. 歌德   D. 茅盾

4. 从世界范围来看,注册会计师审计职业是因下列（　　）事件而产生的。
  A. 荷兰 1637 年的郁金香泡沫事件
  B. 英国 1720 年的南海公司破产事件
  C. 美国 1929~1933 年的经济危机
  D. 英国 1859 年全球第一家会计师事务所成立

5. 我国第一位被北洋政府农商部授予的注册会计师是（　　）。
  A. 蔡锡勇   B. 谢霖
  C. 潘序伦   D. 徐永祚

6. 财务会计系统结构通常包括四个环节。除了确认、计量、记录外,还包括（　　）。
  A. 审核凭证   B. 登记账簿
  C. 清产核资   D. 财务报告

7. 财务管理通常被称之为"管钱"的学科,它的基本功能除筹资、投资、营运外,还包括（　　）。
  A. 购买股票、债券、基金   B. 购买原材料、发放薪酬
  C. 交纳各种税收、罚款等   D. 向股东分配股利等

8. 在中国已故的著名会计学家中,学者（　　）共同创立了会计的"管理活动论"。
  A. 娄尔行、余绪缨   B. 刘炳炎、杨时展
  C. 阎达五、杨纪琬   D. 李宝震、易庭源

9. 会计按其报告的对象不同,可以分为（　　）两大会计分支。
  A. 财务会计与成本会计   B. 财务会计与管理会计
  C. 管理会计与成本会计   D. 财务会计与纳税会计

10. 财务会计的目标主要是向会计信息使用者提供决策有用的信息。对外提供会计信息的载体是（　　）。
  A. 会计凭证   B. 会计账簿
  C. 会计报表   D. 财务报告

11. 企业提供的会计信息应有助于财务会计报告使用者对企业过去、现在或未来的情况作出评价或预测。体现这一会计信息质量的要求是（　　）。
  A. 及时性   B. 相关性
  C. 明晰性   D. 可比性

12. 强调某一企业前后各期提供的会计信息应当采用一致的会计政策,不得随意变更。体现这一会计信息质量的要求是（　　）。
  A. 可靠性   B. 及时性
  C. 可比性   D. 明晰性

13. 下列关于企业财务报告使用者的表述中，正确的是（　　）。
    A. 财务报告为企业管理者所用　　　B. 财务报告为社会公众所用
    C. 财务报告为注册会计师所用
    D. 财务报告为投资者、债权人、政府有关部门和社会公众所用
14. 下列会计要素中，反映企业经营成果的要素是（　　）。
    A. 资产　　　　　　　　　　　　　B. 负债
    C. 收入　　　　　　　　　　　　　D. 所有者权益
15. 负债是企业过去的交易或事项形成的，预期会导致经济利益流出企业的现实义务。企业在偿还债务时，除了采用货币资金等资产偿还外，还可以用（　　）偿还。
    A. 商誉　　　　　　　　　　　　　B. 存货
    C. 长期待摊费用　　　　　　　　　D. 递延所得税资产
15. 收入是企业日常经营活动产生的经济利益的总流入，下列经济业务产生的经济利益流入中，（　　）不能确认为收入。
    A. 出售半成品的收入　　　　　　　B. 处置无形资产的收入
    C. 出售库存商品的收入　　　　　　D. 出售多余原材料的收入
16. 费用是企业日常经营活动所产生的经济利益的总流出，为此，企业发生的下列支出中，（　　）可以确认为费用。
    A. 固定资产盘亏损失　　　　　　　B. 处置无形资产的净损失
    C. 自然灾害造成的原材料净损失　　D. 购进原材料过程中发生的自然损耗
17. 下列关于应收账款计价的表述中，正确的是（　　）。
    A. 交易发生的价款加上增值税销项税额
    B. 交易发生的价款扣除销售折让后的金额
    C. 交易发生的价款扣除现金折扣后的金额
    D. 交易发生的公允价值加上相关交易费用的金额
18. 企业为鼓励客户尽早付款而给予的价格优惠，在会计上称之为（　　）。
    A. 商业折扣　　　　　　　　　　　B. 现金折扣
    C. 销售折让　　　　　　　　　　　D. 销售退回
19. 在原材料价格持续下跌的情况下，假设产品的售价不变，下列存货发出计价方法中（　　）计算得到的利润额最低。
    A. 先进先出法　　　　　　　　　　B. 加权平均法
    C. 个别计价法　　　　　　　　　　D. 移动加权平均法
20. 应收账款是指因商品销售活动或提供劳务而形成的债权。下列应收款项不应在"应收账款"科目内核算。
    A. 应收销售商品的销售价款
    B. 应收销售商品代垫的运杂费

C. 应收销售商品出租包装物的租金

D. 应收销售商品形成的增值税销项税额

21. 依据《企业会计准则》（2017）的规定，企业在合并过程中发生的合并费用（无论是同一控制还是非同一控制），正确的会计处理是（　　）。

　　A. 冲减"投资收益"　　　　　　B. 增加"财务费用"

　　C. 增加"长期股权投资"　　　　D. 增加"管理费用"

22. 企业对外长期股权投资采用权益法核算时，被投资单位分配的现金股利，其正确的会计处理是（　　）。

　　A. 增加"投资收益"　　　　　　B. 减少"投资收益"

　　C. 增加"长期股权投资"　　　　D. 减少"长期股权投资"

23. 在资产负债表日，企业应将持有的长期股权投资进行减值测试，如果长期股权投资的可收回金额小于其账面价值的差额，正确会计处理是（　　）。

　　A. 增加"资产减值损失"　　　　B. 增加"管理费用"

　　C. 减少"投资收益"　　　　　　D. 增加"长期股权投资"

24. 某企业购买的上市公司股票，按照公允价值计量且公允价值变动计入当期损益。如果该股票在期末的市价持续下跌，对其公允价值变动，正确的会计处理是（　　）。

　　A. 减少"公允价值变动损益"　　B. 增加"公允价值变动损益"

　　C. 增加"资产减值损失"　　　　D. 减少"财务费用"

25. 某企业以银行存款购买一批债券，采用摊余成本计量。在资产负债表日，如果可收回金额小于其账面价值，正确的会计处理方法是（　　）。

　　A. 减少"债权投资"的账面价值　　B. 冲减"公允价值变动损益"

　　C. 冲减"其他综合收益"　　　　D. 计提"信用减值损失"

26. 企业以发行权益性证券方式取得长期股权投资时，其确认的初始投资成本为（　　）。

　　A. 权益性证券的面值＋相关手续费　　B. 权益性证券的公允价值＋相关税费

　　C. 权益性证券的账面价值＋相关税费　　D. 权益性证券的发行价＋相关手续费

27. 长期股权投资采用权益法核算时，投资企业确认投资收益的方法是（　　）。

　　A. 被投资单位实现的净利润×持股比例

　　B. 被投资单位实现的利润总额×持股比例

　　C. 被投资单位分配的股利（利润）×持股比例

　　D. 以被投资企业可辨认净资产公允价值为基础，对其净利润调整后确认

28. 长期股权投资采用成本法核算时，投资企业确认投资收益的计量基础是（　　）。

　　A. 被投资单位实现的净利润　　B. 被投资单位实现的利润总额

　　C. 被投资单位分配的股利（利润）　　D. 被投资单位的营业利润

29. 会计上在进行固定资产的初始计量时，存在两种不同的计价基础，它们是（   ）。

  A. 账面价值与公允价值　　　　　B. 重置成本与可变现净值

  C. 公允价值与未来现金流量的现值　　D. 成本计价与净值计价

30. 企业购入需要安装的固定资产，在投入使用前应先记入的会计科目是（   ）科目。

  A. "固定资产"　　　　　　　　B. "在建工程"

  C. "工程物资"　　　　　　　　D. "固定资产清理"

31. 由投资者投资转入的固定资产，应按合同或协议约定的公允价值，借记"固定资产"科目，按其在注册资本中所占的份额，贷记"实收资本"科目，其差额应记入（   ）科目。

  A. "资本公积——其他资本公积"

  B. "营业外收入"

  C. "资本公积——资本（或股本）溢价"

  D. "其他业务收入"

32. 企业在建造固定资产过程中所发生的借款费用，一般应计入固定资产的价值，但如果建造工程出现非正常中断，其借款费用也可能暂停资本化。借款费用资本化暂停的时间为（   ）。

  A. 1个月　　　　　　　　　　　B. 超过1个月

  C. 3个月　　　　　　　　　　　D. 超过3个月

33. 根据现行会计准则的规定，企业的固定资产无论是否使用，都应计提固定资产折旧，但在某些特殊情况下的固定资产不应计提折旧。这些固定资产是（   ）。

  A. 融资租入的固定资产

  B. 已提足折旧继续使用的固定资产

  C. 季节性停用、大修理停用的固定资产

  D. 已达到预定可使用状态，但未办理竣工决算手续的固定资产

34. 企业在计算固定资产折旧时，除考虑固定资产的原始成本、预计净残值、预计使用寿命因素外，还需考虑的因素有（   ）。

  A. 固定资产使用部门　　　　　B. 固定资产使用方式

  C. 固定资产已计提减值准备　　D. 固定资产的修理状况

35. 企业财务管理部门（如资金结算中心）使用的固定资产所计提的折旧，应增加的费用是（   ）。

  A. 制造费用　　　　　　　　　B. 财务费用

  C. 管理费用　　　　　　　　　D. 销售费用

36. 如果因固定资产毁损发生的清理，企业在收到保险公司的赔款时，其会计处理为（   ）。

A. 借：银行存款，贷：固定资产

B. 借：银行存款，贷：其他应收款

C. 借：银行存款，贷：固定资产清理

D. 借：银行存款，贷：营业外收入

37. 关于企业内部研究开发项目的支出，下列说法中错误的是（　　）。

A. 企业内部研究开发项目的支出，应当区分研究阶段支出与开发阶段支出

B. 企业内部研究开发项目研究阶段的支出，应当于发生时计入当期损益

C. 企业内部研究开发项目开发阶段的支出，应一律确认为无形资产

D. 企业内部研究开发项目开发阶段的支出，可能确认为无形资产，也可能确认为费用

38. 企业吸收投资者投入的无形资产，该项无形资产的入账价值是（　　）。

A. 账面价值　　　　　　　　B. 公允价值

C. 协议约定价值　　　　　　D. 协议约定的公允价值

39. 对于使用寿命有限的无形资产，根据会计准则的规定，其取得成本应按期摊销，在确认其摊销额时，在直线法下，除考虑无形资产的取得成本和使用寿命外，还应考虑（　　）。

A. 使用部门　　　　　　　　B. 使用方式

C. 购买或开发单位　　　　　D. 预计净残值

40. 企业用于出租的无形资产，计提的摊销额应记入的会计科目是（　　）。

A. 管理费用　　　　　　　　B. 制造费用

C. 销售费用　　　　　　　　D. 其他业务成本

41. 企业内部自行研究与开发无形资产时，在研究与开发过程中发生的支出，其正确的会计处理是（　　）。

A. 借：研发支出，贷：银行存款等

B. 借：无形资产，贷：银行存款等

C. 借：管理费用，贷：银行存款等

D. 借：研发支出——费用化支出、资本化支出，贷：银行存款等

42. 根据会计准则的规定，企业至少应在每年末对无形资产进行减值测试，如果发现无形资产的可收回金额小于其账面价值，应计提减值准备。其计提的减值准备金额应计入（　　）。

A. 管理费用　　　　　　　　B. 制造费用

C. 主营业务成本　　　　　　D. 资产减值损失

43. 在会计核算时，企业将劳动资料划分为固定资产和低值易耗品，所体现的会计信息质量要求是（　　）。

A. 重要性　　　　　　　　　B. 可比性

C. 谨慎性　　　　　　　　　D. 可理解性

44. 长期股权投资采用权益法核算时，其初始投资成本小于投资时应享有被投资单位可辨认净资产公允价值份额的，其差额借记"长期股权投资——成本"科目，应贷记的会计科目是（　　）。

   A. 资本公积　　　　　　　　B. 投资收益
   C. 营业外收入　　　　　　　D. 其他业务收入

45. 企业在处置（非报废）固定资产、无形资产时，所产生的净收益，正确的会计处理是（　　）。

   A. 增加营业外收入　　　　　B. 增加其他收益
   C. 增加资产处置收益　　　　D. 冲减管理费用

46. 企业的固定资产如果存在弃置义务的，应将预计弃置费用的现值在取得固定资产时，借记"固定资产"科目，贷记（　　）科目。

   A. "预计负债"　　　　　　　B. "应付账款"
   C. "其他应付款"　　　　　　D. "长期应付款"

47. 企业报废无形资产所产生的净损益，应记入的会计报表项目是（　　）。

   A. 财务费用　　　　　　　　B. 管理费用
   C. 营业外支出（收入）　　　D. 资产处置收益

48. 在采用总价法核算应付账款时，企业在折扣期限内付款而获得的现金折扣，正确的会计处理是（　　）。

   A. 冲减应付账款　　　　　　B. 冲减财务费用
   C. 不作账务处理　　　　　　D. 作为营业外收入

49. 就发行债券的企业而言，债券发行时的溢价收入实质是（　　）。

   A. 本期多收的利息收入　　　B. 以后期间的利息收入
   C. 以后多付利息而得到的补偿　D. 以后少付利息而付出的代价

50. 企业出租专利权取得的租金收入，按现行税法规定应计算并交纳增值税，应交增值税在会计处理时，正确的会计处理是（　　）。

   A. 借记"税金及附加"科目
   B. 借记"其他业务成本"科目
   C. 贷记"应交税费——应交增值税"科目
   D. 贷记"无形资产——专利权"科目

51. 企业购买生产产品用的原材料，属于会计要素中的（　　）。

   A. 资产　　　　　　　　　　B. 负债
   C. 所有者权益　　　　　　　D. 费用

52. 企业所拥有的资产从财产权利归属来看，一部分属于投资者，另一部分属于（　　）。

   A. 企业职工　　　　　　　　B. 债权人
   C. 债务人　　　　　　　　　D. 企业法人

53. 在复式记账中，一个企业的资产总额与权益总额（   ）。
    A. 必然相等   B. 有时相等
    C. 不会相等   D. 只有在期末时相等

54. 一个企业的资产总额与所有者权益总额（   ）。
    A. 必然相等   B. 有时相等
    C. 不会相等   D. 只有在期末时相等

55. 一项资产增加，一项负债增加的经济业务发生后，都会使资产与权益原来的总额（   ）。
    A. 发生同增的变动   B. 发生同减的变动
    C. 不会变动   D. 发生不等额的变动

56. 某企业刚刚建立时，权益总额为 80 万元，现发生一笔以银行存款 10 万元偿还银行借款的经济业务，此时，该企业的资产总额为（   ）。
    A. 80 万元   B. 90 万元
    C. 100 万元   D. 70 万元

57. 企业发生收入增加后，无论最后结果是盈利还是亏损，往往会引起（   ）。
    A. 负债增加   B. 资产减少
    C. 资产增加   D. 净资产增加

58. 房地产企业开发的商品房应列示在资产负债表中的（   ）项目。
    A. 存货   B. 长期股权投资
    C. 固定资产   D. 投资性房地产

59. 对会计对象的具体划分称为（   ）。
    A. 会计科目   B. 会计原则
    C. 会计要素   D. 会计方法

60. 一般纳税人企业以部分存货对外进行长期投资时，不会引起资产负债表中（   ）项目的变动。
    A. 存货   B. 营业收入
    C. 应付账款   D. 长期股权投资

61. 下列引起资产和权益同时减少的业务是（   ）。
    A. 用银行存款偿还应付账款   B. 向银行借款直接偿还应付账款
    C. 购买材料货款暂未支付   D. 工资计入产品成本但暂未支付

62. 以下各项资产中，在"固定资产"科目核算的是（   ）。
    A. 为生产产品所使用的机床   B. 正在生产之中的机床
    C. 已生产完工验收入库的机床 D. 已购入但尚未安装完毕的机床

63. 企业由银行开出的银行汇票、银行本票，在会计处理时应作为（   ）。
    A. 银行存款   B. 应收票据
    C. 应付票据   D. 其他货币资金

64. 企业销售商品时,收到购货方开具的商业承兑汇票,在会计处理时属于( )。

    A. 货币资金　　　　　　　　　B. 应收票据

    C. 应收账款　　　　　　　　　D. 其他货币资金

65. 企业购买商品时因资金周转困难暂时未给对方付款,开具给对方的银行承兑汇票,在会计处理时应作为( )。

    A. 应付账款　　　　　　　　　B. 应付票据

    C. 应收票据　　　　　　　　　D. 其他货币资金

66. 企业如果是增值税一般纳税人,在购买存货取得了增值税专用发票,在会计处理时,对其增值税进项税额应( )。

    A. 作为存货价值的组成部分　　B. 作为增值税进项税额予以抵扣

    C. 作为增值税销项税额予以计算　D. 不需要进行会计处理

67. 企业拥有的营业执照、资金账簿等文件,以及签订合同时按照税法规定应交纳的税种是( )。

    A. 增值税　　　　　　　　　　B. 消费税

    C. 印花税　　　　　　　　　　D. 资源税

68. 企业拥有或出租的房产,按照税法规定应交纳的税种是( )。

    A. 资源税　　　　　　　　　　B. 土地增值税

    C. 房产税　　　　　　　　　　D. 印花税

69. 制造业企业在月末应将"制造费用"予以结转,如果制造费用在月末有余额,在资产负债表中应列示为( )。

    A. 长期待摊费用　　　　　　　B. 其他应付款

    C. 投资性房地产　　　　　　　D. 存货

70. 企业高管在管理生产经营过程中发生的差旅费、招待费等,会计处理时应计入( )。

    A. 制造费用　　　　　　　　　B. 销售费用

    C. 管理费用　　　　　　　　　D. 营业外支出

71. 企业为销售商品而发生的广告费、展览费等,会计处理时应计入( )。

    A. 制造费用　　　　　　　　　B. 销售费用

    C. 管理费用　　　　　　　　　D. 营业外支出

72. 企业为筹集生产经营用的流动资金而发生是借款利息支出,会计处理时应计入( )。

    A. 制造费用　　　　　　　　　B. 销售费用

    C. 管理费用　　　　　　　　　D. 财务费用

73. 企业使用固定资产应计提折旧,其生产单位(车间、分厂)的固定资产折旧应计入( )。

A. 制造费用　　　　　　　　　B. 销售费用
C. 管理费用　　　　　　　　　D. 生产成本

74. 企业生产和销售应税消费品（如烟、酒、鞭炮等），在计算和交纳增值税后，还需计算和交纳的税种是（　　）。
A. 消费税　　　　　　　　　　B. 资源税
C. 印花税　　　　　　　　　　D. 房产税

75. 某企业主要从事甲产品的生产和销售，所实现的销售收入，会计处理时应计入（　　）。
A. 主营业务收入　　　　　　　B. 其他业务收入
C. 营业外收入　　　　　　　　D. 投资收益

76. 某企业主要从事国家规定的特殊行业，按照国家规定可以获得经营性补贴收入，其取得收入时，应计入（　　）。
A. 其他收益　　　　　　　　　B. 投资收益
C. 营业外收入　　　　　　　　D. 递延收益

77. 企业在月末或年末结账时，应将所有的收入和成本、费用转入的会计科目是（　　）。
A. "本年利润"　　　　　　　　B. "利润分配"
C. "主营业务收入"　　　　　　D. "其他业务收入"

78. 企业在计算所得税费用时，因税法和会计准则的规定不同，会导致会计利润与纳税所得产生差异。如果是因资产的账面价值大于计税基础而产生的差异，称之为（　　）。
A. 永久性差异　　　　　　　　B. 时间性差异
C. 应纳税暂时性差异　　　　　D. 递减暂时性差异

79. 根据《公司法》的规定，企业应按实现净利润的一定比例计提法定盈余公积，其提取比例是（　　）。
A. 10%　　　　　　　　　　　B. 25%
C. 50%　　　　　　　　　　　D. 自行决定

80. 企业因交易性金融资产公允价值的变化而形成的损益，在利润表中体现为（　　）。
A. 资产处置收益　　　　　　　B. 其他收益
C. 投资收益　　　　　　　　　D. 公允价值变动损益

81. 企业处置投资性房地产而形成的净利润不能计入投资收益，而应首先通过（　　）科目核算。
A. 主营业务收入　　　　　　　B. 其他业务收入
C. 公允价值变动损益　　　　　D. 营业外收入

82. 企业拥有的采用公允价值计量的生产性生物资产，期末，其公允价值变动应计入（　　）。
    A. 公允价值变动损益　　　　　　B. 投资收益
    C. 主营业务成本　　　　　　　　D. 营业外支出

83. 企业拥有的采用公允价值计量的其他权益投资，期末如果公允价值大于其账面价值，正确的会计处理是（　　）。
    A. 增加"其他综合收益"　　　　　B. 增加"资产处置收益"
    C. 减少"资产减值损失"　　　　　D. 增加"资本公积"

84. 根据现行会计准则的规定，如果企业发行的属于权益工具的优先股、永续债等，在资产负债表日，在资产负债表中应体现的报表项目是（　　）。
    A. 其他权益工具　　　　　　　　B. 其他综合收益
    C. 库存股　　　　　　　　　　　D. 资本公积

85. 反映企业财务状况、偿债能力的会计报表是（　　）。
    A. 资产负债表　　　　　　　　　B. 利润表
    C. 现金流量表　　　　　　　　　D. 所有者权益变动表

86. 反映企业盈利能力、盈利状况的会计报表是（　　）。
    A. 资产负债表　　　　　　　　　B. 利润表
    C. 现金流量表　　　　　　　　　D. 所有者权益变动表

87. 反映企业现金流入、流出状况，并体现企业理财能力的会计报表是（　　）。
    A. 资产负债表　　　　　　　　　B. 利润表
    C. 现金流量表　　　　　　　　　D. 所有者权益变动表

88. 反映企业长期偿债能力的基本财务指标是（　　）。
    A. 资产负债率　　　　　　　　　B. 流动比率
    C. 速动比率　　　　　　　　　　D. 利息偿债倍数

89. 反映上市公司盈利能力的基本财务指标是（　　）。
    A. 市盈率　　　　　　　　　　　B. 每股收益
    C. 销售利润率　　　　　　　　　D. 成本利润率

90. 企业销售商品、提供劳务产生的现金流量，在现金流量表中属于（　　）。
    A. 经营活动产生的现金流入　　　B. 投资活动产生的现金流入
    C. 筹资活动产生的现金流入　　　D. 经营活动产生的现金流出

91. 会计的生命在于诚信，时任国务院总理朱镕基同志在北京国家会计学院所提的校训是（　　）。
    A. 不做假账
    B. 诚信为本　　不做假账
    C. 诚信为本　　操守为重　　遵循准则　　不做假账
    D. 诚信为本　　操守为重　　坚持准则　　不做假账

92. 在上市公司中，一度以"盈余管理"掩盖其"会计舞弊"，20世纪90年代我国第一家会计舞弊的上市公司是（　　）。

　　A. 银广夏　　　　　　　　　　B. 琼民源

　　C. 蓝田股份　　　　　　　　　D. 原野股份

93. 在世纪之交，美国爆发了一系列会计舞弊案件，以"特殊目的实体"为由掩盖其舞弊事实的公司是（　　）。

　　A. 安然公司　　　　　　　　　B. 世通公司

　　C. 麦克制药　　　　　　　　　D. 施乐公司

94. 因伙同上市公司进行会计舞弊而被解散的号称"百年老店"的世界著名会计师事务所是（　　）。

　　A. 毕马威　　　　　　　　　　B. 安达信

　　C. 普华永道　　　　　　　　　D. 安永

95. 根据《企业会计准则第14号——收入》（2017）的规定，企业在销售商品时已向客户转让商品而有权收取对价的权利，且该权利取决于时间流逝之外的其他因素。在该对价未收到之前，其正确的会计处理是（　　）。

　　A. 借记"合同资产"　　　　　　B. 借记"应收账款"

　　C. 借记"发出商品"　　　　　　D. 借记"主营业务成本"

96. 根据2018年会计报表的格式要求，企业应收账款、应收票据等的余额，在资产负债表上的报表项目是（　　）。

　　A. "应收票据及应收账款"　　　B. "其他应收款"

　　C. "长期应收款"　　　　　　　D. "存货"

97. 根据2018年会计报表的格式要求，企业的应收利息、应收股利等的余额，在资产负债表上的报表项目是（　　）。

　　A. "应收账款"　　　　　　　　B. "其他应收款"

　　C. "应收利息"　　　　　　　　D. "应收股利"

98. 下列事项中，能够引起所有者权益总额发生增减变动的是（　　）。

　　A. 盈余公积补亏　　　　　　　B. 接受实物资产投资

　　C. 盈余公积转增资本　　　　　D. 资本公积转增资本

99. "利润分配——未分配利润"账户年末贷方余额反映的是（　　）。

　　A. 企业当年实现的利润　　　　B. 企业当年发生的亏损

　　C. 企业历年积存的未分配利润　D. 企业历年积存的未弥补亏损

100. 企业因销售产品提供质量保证而确认的预计负债，应借记的会计科目是（　　）科目。

　　A. "财务费用"　　　　　　　　B. "销售费用"

　　C. "营业外支出"　　　　　　　D. "资产减值损失"

附录二：案例分析

案例一：资产负债表与利润表分析

（一）资料

甲公司系一家拥有三家子公司的上市公司，母公司与子公司之间、各子公司之间均有相关的交易发生。该公司2017年的年报决定于2018年3月30日报出。有关资料如下：

1. 资产负债表。

资产负债表

编制单位：甲公司　　　　　　2017年12月31日　　　　　　　　　　单位：万元

资产	期末余额	年初余额	负债及所有者权益	期末余额	年初余额
流动资产：			流动负债：		
货币资金	1 300	1 110	短期借款	1 200	2 100
交易性金融资产	3 000	3 000	应付票据及应付账款	1 300	1 700
应收票据及应收账款	1 100	800	预收款项	600	0
预付款项	210	538	应付职工薪酬	198	280
其他应收款	100	82	应交税费	1 170	1 175
存货	2 300	2 900	应付股利	140	320
其他流动资产	170	80	其他流动负债	180	210
流动资产合计	8 180	8 510	流动负债合计	4 788	5 785
非流动资产：			非流动负债：		
其他权益工具投资	200	520	长期借款	1 000	1 550
债权投资	440	770	应付债券	2 400	2 400
长期应收款	0	0	长期应付款	1 000	1 400
长期股权投资	3 000	4 000	预计负债	0	0
投资性房地产	5 000	700	递延所得税负债	0	0
固定资产	20 000	18 000	其他非流动负债	20	100
在建工程	9 200	12 620	非流动负债合计	4 420	5 450
生产性生物资产	0	0	负债合计	9 208	11 235
无形资产	1 000	650	所有者权益：		
开发支出	200	60	股本	20 000	20 000
商誉	300	300	其他权益工具	0	0

续表

资　产	期末余额	年初余额	负债及所有者权益	期末余额	年初余额
递延所得税资产	0	0	减：库存股	0	0
其他非流动资产	0	0	其他综合收益	0	0
非流动资产合计	39 340	37 620	未分配利润	2 312	-1 005
			所有者权益合计	38 312	34 895
资产总计	47 520	46 130	负债及所有者权益总计	47 520	46 130

2. 利润表。

利润表

编制单位：甲公司　　　　　　　　2017 年度　　　　　　　　单位：万元

项　目	本期金额	上期金额
一、营业收入	82 000	
减：营业成本	68 000	
税金及附加	850	
销售费用	2 000	
管理费用	2 000	略
研发费用	300	
财务费用	1 120	
资产减值损失	2 560	
加：公允价值变动收益	4 000	
投资收益	700	
其中：对联营企业和合营企业的投资收益	50	
二、营业利润	9 870	
加：营业外收入	0	
减：营业外支出	170	略
其中：非流动资产处置损失	170	
三、利润总额	9 700	
减：所得税费用	2 650	
四、净利润	7 050	

3. 现金流量表（略）。

4. 注册会计师在审计甲公司 2017 年度财务报表时，发现有如下一些事项尚未处理：

（1）2017 年 11 月 6 日，甲公司的商品外包装盒因涉嫌侵害了乙公司的外观设计专利权，被乙公司提起诉讼，经咨询公司法律顾问的意见，可能被赔款的概率为 75%，估计赔偿的金额在 200 万元～500 万元之间，在财务报告报出前，法院尚未作出最后判决。

（2）2017 年 10 月 8 日销售给丙公司的一批商品，因其规格不符合合同要求于 2018 年 2 月 14 日退货，该批商品的成本为 1 200 万元，售价为 1 500 万元，适用的增值税税率为 16%，有关退货和款项手续已办妥。

（3）2018 年 3 月 10 日，甲公司原材料仓库不慎发生火灾，经测算，其净损失达 820 万元。

（4）甲公司因会计政策变更产生的累计影响数达 898 万元。

（5）甲公司因固定资产折旧年限的改变，影响折旧额 425 万元。

（6）当期发现甲公司有前期差错 910 万元。

5. 甲公司在财务报表附注中，只披露了财务报表的编制基础和遵循企业会计准则的声明，其他事项未予说明。

（二）要求

1. 通过阅读甲公司的资产负债表，评价甲公司的长期偿债能力如何，为什么？

2. 通过阅读甲公司的利润表，分析甲公司 2017 年由亏转盈的主要原因是什么，甲公司的盈利状况是否存在风险？

3. 通过阅读甲公司的资产债负债表，评价甲公司的筹资能力的变化。

4. 通过阅读甲公司的资产负债表，假定不考虑其他因素，甲公司筹集的资金主要用在何处？是否合理？为什么？

5. 通过阅读甲公司的资产负债表和利润表，评价甲公司的资产质量如何？

6. 根据《企业会计准则第 30 号——财务报表列报》的要求，甲公司的财务报表附注披露是否完整？如果不完整，至少还应披露哪些信息？

案例二：现金流量表

（一）资料

1. 甲股份有限公司（以下简称甲公司）主要从事制造业，2017 年度的财务报告预计 2018 年 2 月 28 日报出。2017 年度的现金流量表（草表）如下表所示：

现金流量表

编制单位：甲公司　　　　　　2017 年度　　　　　　　　单位：万元

项目	本期金额	上期金额
一、经营活动产生的现金流量：		
销售商品、提供劳务收到的现金	10 000	略
收到的税费返还	1 810.70	
收到其他与经营活动有关的现金	0	

续表

项　目	本期金额	上期金额
经营活动现金流入小计	11 810.70	
购买商品、接受劳务支付的现金	5 350.70	
支付给职工以及为职工支付的现金	5 760	
支付的各项税费	1 280	
支付其他与经营活动有关的现金	1 000	
经营活动现金流出小计	13 390.70	
经营活动产生的现金流量净额	-1 580	
二、投资活动产生的现金流量：		
收回投资收到的现金	0	
取得投资收益收到的现金	650	
处置固定资产、无形资产和其他长期资产收回的现金净额	5 500	略
处置子公司及其他营业单位收到的现金净额	0	
收到其他与投资活动有关的现金	0	
投资活动现金流入小计	6 150	
购建固定资产、无形资产和其他长期资产支付的现金	4 620	
投资支付的现金	3 450	
取得子公司及其他营业单位支付的现金净额	0	
支付其他与投资活动有关的现金	0	
投资活动现金流出小计	8 070	
投资活动产生的现金流量净额	-1 920	
三、筹资活动产生的现金流量：		
吸收投资收到的现金	1 000	
取得借款收到的现金	9 000	
收到其他与筹资活动有关的现金	0	
筹资活动现金流入小计	10 000	
偿还债务支付的现金	4 500	略
分配股利、利润或偿付利息支付的现金	2 900	
支付其他与筹资活动有关的现金	0	
筹资活动现金流出小计	7 400	
筹资活动产生的现金流量净额	2 600	
四、汇率变动对现金及现金等价物的影响	0	
五、现金及现金等价物净增加额	-900	
加：期初现金及现金等价物余额	（略）	

续表

项　目	本期金额	上期金额
六、期末现金及现金等价物余额	（略）	
补充资料		
将净利润调节为经营活动现金流量		
净利润	2 200	
加：资产减值准备	2 400	
固定资产折旧、油气资产折耗、生产性生物资产折旧	3 000	
无形资产摊销	350	
长期待摊费用摊销	0	
处置固定资产、无形资产和其他长期资产的损失（收益以"-"号填列）	-1 050	
固定资产报废损失（收益以"-"号填列）	0	
公允价值变动损失（收益以"-"号填列）	-1 000	
财务费用（收益以"-"号填列）	600	
投资损失（收益以"-"号填列）	-700	
递延所得税资产减少（增加以"-"号填列）	0	
递延所得税负债增加（减少以"-"号填列）	0	
存货的减少（增加以"-"号填列）	-6 500	
经营性应收项目的减少（增加以"-"号填列）	-480	
经营性应付项目的增加（减少以"-"号填列）	-400	
其他		
经营活动产生的现金流量净额	-1 580	

2. 编表人员在编制现金流量表（草表）时，向财务总监汇报了如下问题：

（1）公司本年度有处置子公司和取得子公司的业务三项，涉及现金流出1 000万元，涉及现金流入2 500万元，不知道属于什么活动，故未予反映。

（2）"销售商品、提供劳务收到的现金"中有2 000万元是销售商品的应收票据贴现而产生的现金流入，不知放在该项目是否正确。

（3）"收到的税费返还"中的1 810.70万元是应收的出口退税款，该款项预计会在2018年3月初财务报告报出前收到，故予以反映。

（4）在"购买商品、接受劳务支付的现金"中，有500万元是支付2016年的购货款，有300万元预计在2018年1月10日支付，因财务报告未报出，故予以反映。

（5）在"支付给职工以及为职工支付的现金"中，有26万元是在职职工报销的医药费，30万元是支付的在职职工养老保险，还有45万元是退休职工的医药费。

（6）在"偿还债务支付的现金"中，有1 500万元是2017年10月20日偿还到期的购买存货的应付账款。

（7）2017年2月28日，向某公益性慈善机构捐款30万元，因报表中没有合适的项目，列示在"支付其他与经营活动有关的现金"项目中。

（8）补充资料中的"资产减值准备"和"固定资产折旧"是直接根据有关"资产减值准备"和"累计折旧"账户本年贷方发生额填列的。

（9）补充资料中"存货增减"项目是根据本年资产负债表中"存货"项目"年末余额－年初余额"的差额确定的。因公司本年度未发生存货抵债、非货币性资产交换等非现金资产取得或处置存货的情形。

（10）补充资料中"经营性应收项目的增减"是直接根据本年资产负债表中应收及预付款项项目"年末余额－年初余额"的差额确定的。因本年度公司未发生"应收股利"或"应收利息"等业务，本年度的应收及预付款项中没有与购建固定资产等非经营活动有关的业务。

（11）补充资料中"经营性应付项目的增减"是直接根据本年资产负债表中应付及预收项目"年末余额－年初余额"的差额确定的。

（二）要求

1. 根据资料中列示的11个问题，你认为，该公司的会计在编制现金流量表（草表）时哪些处理是正确的？哪些不正确？对不正确的会计处理，应相应调整现金流量表的哪些项目？调整的数据是多少？

2. 计算经调整的现金流量表如下项目：

（1）经营活动产生的现金流量净额。

（2）投资活动产生的现金流量净额。

（3）筹资活动产生的现金流量净额。

（4）现金及现金等价物净增加额。

案例三：收入确认、财务报表信息解读与使用

一、收入确认

（一）资料

据《晶报》2015年3月13日报道，"万福生科累计虚增收入超9.2亿元"。《晶报》记者谢婷婷报道：上市不到一年的万福生科近日爆出财务造假丑闻，其在2008年至2011年期间累计虚增收入7.4亿元。算上2014年中报的虚增收入，万福生科四年间累积虚增收入超过9.2亿元。湖南监管局决定于2014年9月17日起对该公司进行立案稽查。2014年10月26日，万福生科发布公告，承认公司在2014年半年报中存在虚假记载和重大遗漏，其中虚增营业收入1.88亿元，虚增营业成本1.46亿元，虚增利润4 023万元。2014年11月23日，万福生科表示受到深交所公开谴责处分。

随着调查的进一步深入，更大的造假黑幕浮出水面。2015年3月4日，万福生科发布自查公告称，公司在 2008 年至 2011 年定期报告财务数据均存在虚假记载，四年累计虚增收入 7.4 亿元左右，虚增营业利润 1.8 亿元左右，虚增净利润 1.6 亿元左右。

（二）要求

1. 根据上述案例，说明企业确认商品销售收入应满足哪些基本条件？尤其是控制权转移的标准有哪些？

2. 企业确认商品销售收入，通常会涉及哪些账户？

3. 一般情况下，通常可以从哪些账户的异常观察到企业可能进行收入的舞弊或造假？

二、财务报表信息解读

（一）资料

某大学一位会计专业的学生在甲公司（该公司为增值税一般纳税人，适用的所得税税率为 25%）实习时巧遇该公司某位部门经理张先生正在财务部询问有关财务报表的问题，希望得到合理的解答或解释。有关事项如下：

1. 张先生问：他在阅读本公司 2017 年 12 月 31 日的资产负债表时发现，该公司发行在外的普通股股数为 40 000 万股，当时的发行价格为 5 元/股，面值为 1 元/股。2017 年 12 月 31 日，该股票市价为 15 元/股。

但公司的资产负债表显示：资产总额为 900 000 万元，负债总额为 400 000 万元、所有者权益为 500 000 万元。

张先生认为，公司的资产负债表一定有错误。因为根据他的理解，会计报表应反映企业的价值，其价值就是股票数量乘以发行价或市价。因此，"资产负债表上的资产总额应为 200 000 万元（40 000×5），或者为 600 000 万元（40 000×15）；所有者权益肯定应当与发行在外的普通股 40 000 万股的市值 600 000 万元（40 000×15）相同。希望财务部的同事给予合理的解释。

2. 张先生问：公司资产负债表中的"应收票据及应收账款"项目数额为 1 500 万元，但他问过财务部的同事，应收账款总账余额为 1 600 万元，其中应收 A 公司的账款就有 1 900 万元，还预收了 B 公司的账款 200 万元，对应收账款提取了 200 万元的坏账准备，无应收票据。张先生说：会计学原理不是讲得很清楚吗？证、账、表不是有很严密的勾稽关系吗？为什么应收账款账簿记录的结果与会计报表的数据不一致？希望能够得到合理的解答。

3. 张先生问：公司 2017 年度的利润表显示：营业收入 1 200 000 万元，营业成本 800 000 万元，税金及附加 50 000 万元，销售费用 140 000 万元，管理费用 220 000 万元，财务费用 20 000 万元，投资收益 10 000 万元，公允价值变动收益 36 000 万元，营业外收入 5000 万元，营业外支出 15 000 万元，所得税费用 2 500 万元，净利润 3 500 万元。

看完利润表后他很不理解。有如下问题：

一是为什么所得税费用不是利润总额 6 000 万元乘以所得税税率 25% 计算的结果?

二是为什么利润表中还有营业利润、利润总额、净利润、其他综合收益等指标? 办企业,只要最后有利润就得了,为什么要搞得如此麻烦?

三是利润表上还有什么营业收入、营业成本、营业外收入、营业外支出,其他收益、资产处置收益、投资收益、净敞口套期损益等,让人头疼! 企业有收入就是好事! 增加收入、减少支出就能增加利润,有必要弄得这么复杂吗?

(二) 要求:根据上述资料,对于张先生提出的问题,请你给予合理的解释

1. 根据资料 (1) 向张先生解释资产负债表中资产、负债和所有者权益的基本概念及其数据之间的逻辑关系,并进一步说明会计报表中这三大数据的来源及其经济含义。

2. 根据资料 (2) 向张先生解释为什么资产负债表中应收账款项目的数额与应收账款总账记录的余额可能不会一致。

3. 根据资料 (3) 向张先生解释:

一是利润表中所得税费用的计算方法,并进一步解释为什么应交所得税可能与所得税费用不一致。

二是向张先生解释利润表中营业利润、利润总额、净利润、其他综合收益等概念的经济含义。

三是向张先生解释什么是营业收入和营业外收入,什么是营业成本和营业外支出,以及其他的收益概念,并进一步说明会计上为什么要如此分类。

三、采用会计信息进行决策[①]

(一) 资料

某企业主要从事甲系列高端产品的制造业务 (假定暂不考虑增值税及所得税等税金问题)。年初成立时注入 5 000 万元资本,当年计划盈利 4 500 万元,但在各部门都圆满完成了各自的计划后突然发现,公司即将倒闭。股东、管理层、员工都很苦恼,搞不清到底是为何,希望能找出导致公司倒闭的幕后"黑手"! 有关资料如下:

1. 公司成立时的会计报表如下表所示。

单位:万元

项目分类	财务项目	利润表	现金流量表	资产负债表
现金流入	现金资本		5 000	
权益 (所有者)	实收资本			5 000
未分配利润		0		0

---

① 此案例参阅了温兆文著:《看穿报表出利润》,北京大学出版社 2012 年版,第 151~154 页,收录本书时进行了必要的改编。特此说明。

2. 公司组建后发生如下支出：

(1) 修建厂房，支出 4 500 万元。

(2) 购买机器设备，支出 1 700 万元。

(3) 购进货物，支出 37 000 万元，已入库。

(4) 出售商品，货款为 50 000 万元，已收回货款 41 000 万元，剩余 9 000 万元货款暂时未收到。假定暂时不考虑增值税。

(5) 支付销售费用 6 000 万元。

(6) 支付管理费用 4 000 万元。

(7) 给客户发货，成本 33 500 万元。

(8) 按 15% 提取存货跌价准备。

(9) 按 5% 提取应收账款坏账准备。

(10) 向银行取得短期借款 1 500 万元。

3. 经营一段时间后，会计编制的报表如下表所示（推演）。

单位：万元

项目	利润表	现金流量表	资产负债表
营业收入	50 000		
营业成本	33 500		
毛利	16 500		
经营费用			
销售费用	6 000		
管理费用	4 000		
折旧费用	1 240		
资产减值损失	975		
坏账准备	450		
存货跌价准备	525		
营业利润	4 285		
现金流入		47 500	
销售回款		41 000	
现金资本		5 000	
借入资金		1 500	
现金流出		53 200	
采购支出		37 000	
费用支出		10 000	
购买资产		6 200	

续表

项目	利润表	现金流量表	资产负债表
现金净流出		-5 700	
货币资金			-5 700
应收账款			9 000
减：坏账准备			-450
存货			3 500
减：存货跌价准备			-525
流动资产合计			5 825
固定资产（原值）			6 200
累计折旧			-1 240
固定资产合计			4 960
资产合计			10 785
短期借款			1 500
实收资本			5 000
未分配利润			4 285
合计			10 785

（二）要求

1. 上述推演的会计报表到底出现了什么问题？该公司即将倒闭的"黑手"到底是什么？

2. 你会相信货币资金出现负数吗？

3. 如果实际的会计报表是这样，你该如何应对？

附录三：补充阅读

1. 公司年报中的那些事①

尽管看起来头大，你仍有必要知道怎么读年报。

对一个投资者来说，当你在选择股票时，公司年报可以算作是一份"简历"，你可以根据它来筛选信息。上市公司的年报在很多方面决定公司股票未来一年的走向，尤其是权重股的年报甚至决定大盘重心的移动。当然，这个前提就是年报可信，不会是作假的简历。

如果你对年报不感兴趣，先来看看巴菲特是怎么说的吧，"投资人应把自己当成经理人，深入了解企业创造财富的活动。投资人可以从财报解析企业竞争力，或从企业公布的财务数据发现其不合理之处，从而作出正确的投资决策。"

巴大师一年要读上千份年报，算下来是一天读三份！就这样他还抱怨自己的阅读速度不够快。面对乏味的年报，巴菲特"咀嚼"得有滋有味，年报也给巴菲特带来不菲的收益。我们如果想获利，究竟应该从公司年报中读懂哪些事呢？

重要指标不可不知

面对厚厚一沓枯燥的数字天书，是从头到尾仔细研读，还是挑选重点对比阅读呢？毫无疑问，后者更现实些。只是你需要掌握一定的技巧和方法。

如果你不是拿着计算器专门查找财务漏洞的专业人士，大可不必看完整的公司年报，很多证券公司网站上都会有公司年报摘要版，虽然瘦身不少，但重要信息都还在。

在分析财务报表（资产负债表、利润表、现金流量表、所有者权益变动表）时，你需要留意一些重要指标，如利润表中的营业收入、毛利、营业利润、净利润的增长率，资产负债表中的应收账款、存货绝对额的变化和相对主营业务收入的比例等。

投资者可以利用营业收入、营业外收入、投资收益这三项在总收入中所占的比重，来了解上市公司利润的构成，同时与往年同类数据进行对比，并结合报告期内实际情况看是否每项指标增减幅都符合情理，以便掌控上市公司利润增长的实际情况。

对于公司的年报，你至少要关注到四个层面的问题。

首先，公司主业是什么，其主营业务构成是单一还是多元化。单一的主业，还

---

① 作者：方鏖，选自《第一财经周刊》，2011年12月26日。在收入本书时，编者对个别文字进行了订正。特此说明。

应看其产品的市场竞争能力，主业发展的资源可持续发展性和稀缺性，并了解和关注其市场份额占有率和产品的独创性和垄断性。对于多元化投资为主的上市公司，由于其主业不详，对其收入的评价应辩证分析。

其次，现金流量能说明很多问题。从财务报表看，部分上市公司的利润状况确实好，但一定要观察现金流量表，这非常关键。如果一家上市公司每股收益较高，主营业务利润又占较高比例，且每股现金流量金额又与每股收益相比差距不大，那么，从财务的角度讲，应是一家较好的上市公司。相反，如果在一家公司的利润构成中，主营业务所占比例较低，而投资收益和其他一次性收益占的比重很大，同时，每股现金流量金额又与每股收益相比差距很大，这样的公司业绩增长持续性难以保证，而且现金流不足，应收款过高，容易出现问题。

再者，财务费用与销售费用、管理费用有区别。上市公司年报有"三费"：销售费用、管理费用和财务费用。通过"三费"变化，可以考察公司的内部管理能力。通常报表体现较高的财务费用不是好事，因为这意味着高的有息负债，但考虑到企业扩张或收购等，只要企业保持正常经营状态，这种高财务费用状况有望在日后得到缓解，反而会成为来年企业经营的一大有利因素。但销售费用、管理费用的增幅高于净利润的增幅，则说明公司运营和管理有待加强。此外，还要留意非经常性项目对净利润的影响。净利润指标是投资的重要参照，但并不是唯一的参照。在每股收益背后，还应看到其利润实现的增长周期。由于非经常性收益和损失不具备长期稳定性，对利润的影响也是阶段性的和暂时的。

每朵乌云都镶着金边

对于普通股民而言，对上市公司历年以来的年报进行纵向和横向对比是最为实际也最为有效的识假手段。

一般的投资者可利用两年或者两年以上公司年报进行对比，了解公司对市场的预期及后市的操作。利用前几年的年报，投资者可以看到，公司上一年的展望是否符合今年市场的实际情况，可看出该公司对市场预期的准确度，从而使投资者对未来一年的操作制订更好的计划。通过多家相同行业公司年报对比，能更加全面了解某行业未来发展。不可否认，就像包装完美的简历一样，也有问题公司会出具"完美年报"，而且十有八九都是在业绩上玩花样。个别不良上市公司往往通过增加收入、减少成本、增大利润在年报上制造虚假繁荣，暗布陷阱引诱懵懂的投资者。

一是销售利润率陷阱。如果公司经营上无重大变化，它的销售利润率应该是相对稳定的，如果报告期内的销售利润率变动较大，则表明公司有可能少计或多计费用，从而导致账面利润增加或减少。

二是应收款项目陷阱。如有些公司将给销售的回扣费用计入应收款科目，使利润虚增。

三是坏账准备陷阱。问题公司通过计提坏账准备方式冲销虚增收入形成的应收账款，甚至有上市公司利用坏账准备来实现"洗大澡"，操纵利润分配。

四是折旧陷阱。这是上市公司大有文章可做的地方。有的在建工程完工后不转成固定资产，公司也就免提折旧，有的不按重置后的固定资产提取折旧，有的甚至降低折旧率，这些都会虚增公司的利润。

五是退税收入。退税收入有的是将退税期后推，这都会导致当期利润失实。

2. 如何正确阅读和分析上市公司年报[①]

为了帮助投资者更好地掌握年报分析的一些知识和技巧，希望能帮助那些愿意认真研究年报的投资者从纷繁复杂的数据资料中去发现真正有价值的上市公司，注册会计师建议从以下几个方面阅读和分析上市公司年报：

重视资产的质量

作为刚入门的投资者阅读年报，往往最关心的数据就是每股收益，而没有认真去分析报表中资产增长变化情况，实际上，每股收益数字很容易被公司管理者通过会计技巧轻易改变，并不能真正反映出资产的质量和真实状况。如果上市公司一方面拥有较高利润，但另一方面却出现存货或应收账款大幅增加的趋势，就表明虚高的利润是以出现大量不良资产为代价的，未来的持续发展势必存在问题；又如部分频繁公布中标大单合同的上市公司，一旦未来实际履行合同不顺利或是大量应收账款无法及时收回，都将对未来业绩产生严重打击，例如中国铁建（601186）于2010年10月26日公告的沙特麦加轻轨项目，预计亏损金额高达人民币41.53亿元，如不获批准追索将严重影响2010年的业绩，这都是投资者在选择投资目标时应考虑的风险因素。

重视主营业务利润

上市公司应有明确的主营业务，其营业收入和利润应主要来自于主营业务，而不是其他非经常性损益和合并财务报表范围以外的投资收益。投资收益馅饼并不能保证公司长远稳定发展。成熟市场没有一夜致富的奇迹，投机者的机会永远只能是短暂存在并越来越小，投资者和企业家们的财富只能来源于公司主营业务收入和利润的提高。

此外，部分上市公司在年报中利用短期投资收益、股权转让收益、营业外收入与营业外支出、债务重组、资产重组、财政补贴等非经常性损益填充业绩鱼目混珠，这类利润操纵行为应引起投资者的足够警惕。例如：京东方（000725）2009年报的非经常性损益是其净利润的近25倍，该公司2009年拿到了7亿元的政府补助，并以100美元购买MT映像显示株式会社所持的北京·松下彩色显像管有限公司50%股权，实现企业合并，其可辨认净资产公允价值与收购价款的差额为2009

[①] 选自百度文库／http：//wenku.baidu.com/2014-01-12。在收入本书时，编者对个别文字进行了订正。特此说明。

年贡献收益 5.03 亿元。各方助力之下，最终京东方全年盈利 4 968 万元，公司如扣除非经常性损益则巨亏 11.89 亿元。

关注公允价值变动

阅读年报时必须充分考虑公允价值变动对业绩的影响。在现行会计准则下，上市公司持有的交易性金融资产无论是否售出，都必须按照公允价值计量。这样，对于已经出售的交易性金融资产确认投资收益，对于未出售交易性的交易性金融资产，按照公允价值确认当期利得或损失。公允价值的波动会直接影响上市公司的当期损益，在行情大幅波动情况下尤其明显。例如：宁波银行（002142）2009 年报显示，该行 2009 年全年归属净利润为 14.57 亿元，每股收益 0.58 元，同比增长 9.44%；该行 2009 年衍生金融资产从年初的 2.26 亿元，大幅增加至年末的 10.3 亿元，贡献的公允价值变动损益高达 8.04 亿元被计入当期损益，对净利润的贡献度高达 55.1%。就此我们提醒投资者应理性看待上市公司的业绩增长，剔除掉公允价值变动因素后，方能反映公司实际的主营业务增长情况。

重视经营现金流

阅读年报，看懂现金流量结构十分重要，现金流量表中最为重要的是经营活动产生的现金流量，投资活动和筹资活动都是为经营活动服务的，经营活动应当是现金流量的主要来源。总量相同的现金流量在经营活动、投资活动、筹资活动之间分布不同，则意味着不同的财务状况。一般情况下：

1. 新兴行业或产品初创期，其经营需投入大量资金，故经营现金流和投资现金流皆为负数，筹资现金流为正数；如果经营现金流和筹资现金流皆为负数，投资现金流为正数，则认为处于衰退期，经营现金流入不足，债务压力较大甚至需要收回投资来弥补。

2. 高速发展期，产品迅速占领市场，资金回笼很快，经营现金流为正数，因需追加投资扩大市场份额故投资现金流为负数、筹资现金流为正数。进入产品成熟期后，市场销售稳定且进入投资回收期，故经营现金流与投资现金流皆为正数，但很多外部资金需偿还以保持企业良好的资信程度，故筹资现金流为负数。公司是否在玩数字游戏，还可以比较净利润的增长率和经营活动现金流量净额的增长率。如果前者增速明显高于后者增速，则表明实际增长情况相当可疑。此外，还可以通过年报中披露的数据大致去估算职工人均年收入，虚增利润的公司往往都不会提高真实的薪酬支付，因此，这个数字越高出行业及地域平均水平，越意味着公司质素超群。

重视实有股东权益

股东权益，反映了股东在企业资产中享有的经济利益，是一个相当重要的财务指标。《企业会计准则（2006）》下可以采用公允价值计量的资产主要包括：交易性金融资产、可供出售金融资产和投资性房地产等。现实的股东权益实际上包含了两类性质完全不同的信息，一类是股东的真实投入，一类则是部分资产的现值。股东权益中的资本公积,包括上市公司法定资产重估增值。有些上市公司便乘机将法定资产重估,不切实际地夸大资产价值,然后把增值的"水分"转增股东权益(例如某航空类上市公司将机场等资产的折旧从年限平均法改为起降架次法大幅提升资产现值)。因此,如果上市公司中大量资本公积是由于法定资产重估增值所形成的,那么就客观存在着股东权益的虚假现象。

附录四：财务报告综合练习

（一）财务报表的编制

2018年9月1日，安佟开了一家零售店，命名为佟佟公司（增值税小规模纳税人）。在此之前，他从自己的现金中取出150 000元，将其存入一个单独的银行账户，他打算将这个账户中的钱用于公司的业务。另外他从工商银行借了期限为2年的借款30 000元（假定年利率10%）存入公司账户。他用12 000元现金预付一年的店面租金，用20 000元购买设备，赊购30 000元商品，用现金5 000元支付公司注册费及律师费。9月份，业务的进展比安佟先生的预期要慢，但也发生了如下交易：

（1）购买了100 000元的商品，安佟先生向供应商承诺尽快付款；
（2）签发支票30 000元偿还以前欠供应商的货款；
（3）月初以100 000元买进的商品以115 000元卖掉，顾客答应在30天内付款；
（4）向地方电视台支付广告费8 000元；
（5）给两名销售人员工资4 800元，出纳员工资1 800元，安佟经理工资3 600元。

要求：
（1）为佟佟公司编制公司成立时的资产负债表。
（2）为佟佟公司9月份发生的交易进行会计处理（假定佟佟公司增值税税率为3%），并编制9月份的资产负债表和利润表。

（二）利润表的编制与财务报表附注说明

紫光实业股份有限公司是一家生产加工型企业，总股本为50 000 000股，企业所得税税率为25%，采用资产负债表债务法核算所得税费用。紫光实业股份有限公司2018年的有关业务资料如下：

（1）销货收入10 000 000万元；劳务收入20 000万元。
（2）销货成本6 000 000万元。
（3）税金及附加258 000万元。
（4）劳务支出32 000万元。
（5）固定资产盘盈（已处理）6 530万元。
（6）非常损失（火灾损失）9 760万元。
（7）财务费用9 800万元。
（9）销售费用700 000万元。

（10）管理费用 800 000 万元。
（11）投资收益 100 800 万元。

要求：

根据上述资料，编制紫光实业股份有限公司 2018 年度的利润表，并在财务报表附注中披露相关事项。

（三）对财务报表相关事项的处理

NH 公司主营火力发电，公司审计处对本公司 2018 年度财务报告进行内部审计时，发现以下可疑事项，而这些事项未在该公司财务报表或财务报表附注中披露。

1. 本厂涉嫌侵犯捷达公司专利权，数额较大，已被起诉。按以往其他企业遇到的类似情况，本厂败诉的可能性很大。

2. 由于近来原材料价格大幅上涨，本公司很可能面临限产甚至间歇性停产，这会给企业造成较大损失。

3. 财务报表中披露了期末存货的金额，但报表附注中未披露任何与存货有关的信息。

4. 公司对发电机组的预计使用年限和预计净残值进行了重新估计，但在报表附注中未作任何说明。

5. 2018 年 10 月 26 日，公司设备分厂自行建造的设备交付管理部门使用，共计支出 20.8 万元，但资产负债表"固定资产"项目中并未将其列入，而是在"在建工程"项目中反映。该固定资产当年应提折旧 2 万元。

要求：

对以上事项作出恰当的会计处理。

（四）判断有关会计事项处理是否正确

猛犸股份有限公司（简称猛犸公司）为上市公司，某会计师事务所接受委托对其 2017 年度的财务报表进行审计。注册会计师在审计过程中，发现以下情况：

（1）2017 年 12 月 3 日，D 银行向当地人民法院提起诉讼，要求猛犸公司承担 E 公司借款本金和利息的连带还款责任。

该事项起因于 2015 年 11 月 13 日 E 公司从 D 银行借入一年期款项 9 000 万元，年利率为 8%。根据猛犸公司、D 银行和 E 公司之间签订的债务担保协议，如 E 公司到期未能履行偿债义务，猛犸公司应代为归还 E 公司未偿还的借款本金和利息；为保全资产，猛犸公司同时要求 E 公司以其拥有的一项土地使用权进行反担保。2017 年 11 月，E 公司因发生严重财务困难，无法履行到期还款义务。同时，鉴于作为反担保物的土地使用权已有较大升值，E 公司有意与猛犸公司重新协商反担保条款。因协商尚来完成，猛犸公司决定暂不履行连带还款责任；法院尚未对该起诉讼作出判决。对该诉讼事项，猛犸公司只在 2017 年度财务报表附注中作了披露。

(2) 2017年12月3日，猛犸公司召开临时董事会会议，就下列事项作出决议：

①将2017年产品保修费用的计提比例由年销售收入的3%提高到年销售收入的6%，并就此变更采用未来适用法进行会计处理。

猛犸公司产品质量稳定，以往计提的产品保修费用与实际发生额基本吻合，董事会决议提高该保修费用的计提比例，主要是预防以后年度公司遭遇不利经营因素影响出现利润下滑的情况。

②不再将全资子公司F公司纳入2017年度猛犸公司合并财务报表范围。

董事会决议不再将全资子公司F公司纳入猛犸公司合并财务报表范围，主要是考虑到F公司不符合集团公司整体发展战略布局，决定对外转让，且猛犸公司与有意购买F公司的某企业草签了一份股权转让协议。2017年12月31日，猛犸公司根据该董事会决议作了相应会计处理。

要求：

(1) 分析、判断事项(1)中，猛犸公司对该起诉讼只在2017年度财务报表附注中作出披露是否正确，并说明理由。如不正确，请说明正确的会计处理。

(2) 分析、判断事项(2)中，猛犸公司根据该董事会决议进行相应会计处理是否正确，并说明理由。如不正确，请说明正确的会计处理。

(五) 判断财务报表编制的正误

下表是XD酒业集团会计人员编制的资产负债表：

资产负债表

编制单位：XD酒业集团　　　　2017年12月31日　　　　　　　　　　单位：万元

资产	金额	负债及所有者权益	金额
库存现金	3 000	负债：	
办公用品	1 000	应收账款	3 000
建筑物	44 000	销售收入	59 000
销售费用	2 500	应交所得税	800
设备	10 000	应付账款	9 000
应付票据	16 000	所有者权益：	
管理费用	4 000	实收资本	8 700
资产总计	80 500	负债和所有者权益合计	80 500

要求：

请说明该公司的资产负债表在哪些方面不合乎规范。

第二篇

参考答案

第一章

总　论

一、单项选择题

1	2	3	4	5	6	7	8	9	10
D	D	C	C	C	B	A	A	A	A
11	12	13	14	15
B	D	C	D	A

二、多项选择题

1	2	3	4	5	6	7	8	9	10
ABCD	ABCD	BC	ABC	ABCD	ABC	ABCD	CD	ABC	ABCD
11	12
ABCD	ABCD

三、判断题

1	2	3	4	5	6	7	8	9	10
√	√	×	×	×	√	√	√	×	√
11	12	13	14	15
×	×	×	√	×

第二章

会计核算系统

一、单项选择题

1	2	3	4	5	6	7	8	9	10
C	D	A	C	D	A	B	A	A	A
11	12	13	14	15	16	17	18	19	20
B	B	A	C	A	D	B	A	B	C

二、多项选择题

1	2	3	4	5	6	7	8	9	10
AD	ABC	ABCD	ABCD	ABCD	ACD	AC	BCD	CD	BD
11	12	13							
ABC	ABC	ABC							

三、判断题

1	2	3	4	5	6	7	8	9	10
√	×	×	√	×	×	√	√	√	×
11	12	13	14	15					
×	×	×	×	√					

四、计算及账务处理题

1.

(1) 甲公司 2018 年 1 月 5 日收到乙公司前欠货款时的会计分录

借：银行存款　　　　　　　　　　　　　　　　　　28 000
　　贷：应收账款——乙公司　　　　　　　　　　　　　　28 000

(2) 甲公司 2018 年 1 月 9 日从丙银行取得短期借款时的会计分录

借：银行存款　　　　　　　　　　　　　　　　　　68 000
　　贷：短期借款——丙银行　　　　　　　　　　　　　　68 000

(3) 甲公司 2018 年 1 月 15 日接受丁公司捐赠的现金时的会计分录

借：库存现金　　　　　　　　　　　　　　　　　　8 400
　　贷：营业外收入　　　　　　　　　　　　　　　　　　8 400

(4) 甲公司 2018 年 1 月 17 日接受戊公司的投资款时的会计分录

借：银行存款　　　　　　　　　　　　　　　　　　74 000
　　贷：实收资本——戊公司　　　　　　　　　　　　　　74 000

(5) 甲公司 2018 年 1 月 27 日以银行存款购置机器时的会计分录

借：固定资产　　　　　　　　　　　　　　　　　　30 000
　　应交税费——应交增值税（进项税额）　　　　　　5 100
　　贷：银行存款　　　　　　　　　　　　　　　　　　　35 100

(6) 甲公司 2018 年 1 月 30 日销售产品时的会计分录

借：银行存款　　　　　　　　　　　　　　　　　　117 000
　　贷：主营业务收入　　　　　　　　　　　　　　　　　100 000
　　　　应交税费——应交增值税（销项税额）　　　　　　17 000

(7) 甲公司 2018 年 1 月 31 日通过开户银行代发工资时的会计分录

借：应付职工薪酬　　　　　　　　　　　　　　　　200 000
　　贷：银行存款　　　　　　　　　　　　　　　　　　　200 000

2.

单位：元

账户名称	期初余额	借方发生额	贷方发生额	期末余额
银行存款	300 000	(1) 40 000 (2) 10 000	(3) 100 000 (4) 80 000	(5) 170 000
原材料	40 000	(1) 30 000 (3) 43 000	(2) 3 000 (4) 10 000	(5) 100 000
固定资产	280 000	(1) 200 000 (2) 120 000	(3) 70 000 (4) 130 000	(5) 400 000
短期借款	300 000	(1) 200 000 (2) 300 000	(3) 800 000 (4) 70 000	(5) 670 000

续表

账户名称	期初余额	借方发生额	贷方发生额	期末余额
应付账款	170 000	(1) 30 000 (2) 100 000	(3) 50 000	(4) 90 000
管理费用	0	(1) 5 000 (2) 30 000	(3) 35 000	(4) 0
销售费用	0	(1) 7 000 (2) 94 000	(3) 80 000 (4) 21 000	(5) 0

3.

序号	应采用的更正方法	错账更正的会计分录
(1)	划线更正法	无
(2)	红字更正法	借：管理费用　3 000 　　贷：库存现金　3 000 借：应付职工薪酬　3 000 　　贷：银行存款　3 000
(3)	红字更正法	借：管理费用　10 800 　　贷：累计折旧　10 800
(4)	补充登记法	借：应付职工薪酬　48 600 　　贷：库存现金　48 600

4.

(1) 编制相应经济业务的会计分录

①甲公司 2018 年 3 月 5 日收回应收账款时的会计分录

借：银行存款　　　　　　　　　　　　　　　46 800
　　贷：应收账款——乙公司　　　　　　　　　　46 800

②甲公司 2018 年 3 月 10 日购入原材料时的会计分录

借：原材料　　　　　　　　　　　　　　　　40 000
　　贷：银行存款　　　　　　　　　　　　　　　40 000

③甲公司 2018 年 3 月 15 日用银行存款偿还短期借款时的会计分录

借：短期借款——丙银行　　　　　　　　　　13 000
　　贷：银行存款　　　　　　　　　　　　　　　13 000

④甲公司 2018 年 3 月 20 日用银行存款偿还应付账款时的会计分录

借：应付账款——丁公司　　　　　　　　　　10 000
　　贷：银行存款　　　　　　　　　　　　　　　10 000

⑤甲公司 2018 年 3 月 25 日收到投资时的会计分录

借：银行存款　　　　　　　　　　　　　　　　　　51 000
　　贷：实收资本——戊公司　　　　　　　　　　　　　　　51 000

（2）编制试算平衡表

甲公司试算平衡表

2018 年 3 月 31 日　　　　　　　　　　　　　　　　　单位：元

会计科目	期初余额		本期发生额		期末余额	
	借方	贷方	借方	贷方	借方	贷方
银行存款	35 500		97 800	63 000	70 300	
应收账款	56 000			46 800	9 200	
原材料	28 500		40 000		68 500	
短期借款		40 500	13 000			27 500
应付账款		37 000	10 000			27 000
实收资本		42 500		51 000		93 500
合计	120 000	120 000	160 800	160 800	148 000	148 000

第三章

流动资产

一、单项选择题

1	2	3	4	5	6	7	8	9	10
A	A	D	C	A	A	D	C	D	D
11	12	13	14	15	16	17	18	19	20
B	B	B	D	C	A	B	D	A	A

二、多项选择题

1	2	3	4	5	6	7	8	9	10
ABD	AB	BD	ABCD	ABCD	BCD	ABCD	AC	AB	AD
11	12	13	14	15	16	17	18	19	
BCD	AD	AB	ABC	ABC	ABCD	BCD	ABCD	ACD	

三、判断题

1	2	3	4	5	6	7	8	9	10
×	×	×	√	×	×	×	√	√	√
11	12	13	14	15	16	17	18	19	20
×	×	√	×	√	√	√	×	×	×

四、计算及账务处理题

1.

（1）甲公司 2018 年 12 月 20 日发现现金盘盈时的会计分录

借：库存现金 150
　　贷：待处理财产损溢 150
（2）甲公司 2018 年 12 月 22 日处理盘盈现金核查结果时的会计分录
借：待处理财产损溢 150
　　贷：其他应付款 100
　　　　营业外收入 50
（3）甲公司 2018 年 12 月 25 日发现现金短缺时的会计分录
借：待处理财产损溢 605
　　贷：库存现金 605
（4）甲公司 2018 年 12 月 27 日处理现金短缺核查结果时的会计分录
借：库存现金 600
　　管理费用 5
　　贷：待处理财产损溢 605

2.

银行存款余额调节表

2018 年 12 月 31 日　　　　　　　　　　　　　　　　　　　单位：万元

项　目	金　额	项　目	金　额
银行存款日记账余额	432	银行对账单余额	664
加：银行已收，企业未收	384	加：企业已收，银行未收	480
减：银行已付，企业未付	32	减：企业已付，银行未付	360
调整后余额	784	调整后余额	784

3.

（1）甲公司 2018 年 11 月 5 日申请办理银行汇票时的会计分录
借：其他货币资金——银行汇票 80 000
　　贷：银行存款 80 000
（2）甲公司 2018 年 11 月 8 日以外埠存款购入材料一批时的会计分录
借：原材料 20 000
　　应交税费——应交增值税（进项税额） 3 200
　　贷：其他货币资金——外埠存款 23 200
（3）甲公司 2018 年 11 月 12 日用信用卡支付办公用品费时的会计分录
借：管理费用 3 000
　　贷：其他货币资金——信用卡 3 000
（4）甲公司 2018 年 11 月 15 日以银行汇票采购材料时的会计分录
借：在途物资 60 000
　　应交税费——应交增值税（进项税额） 9 600

　　　　银行存款　　　　　　　　　　　　　　　　　　　10 400
　　　　　贷：其他货币资金——银行汇票　　　　　　　　　　　80 000
　　（5）甲公司 2018 年 11 月 25 日向证券公司指定银行存入款项开立投资账户时的会计分录
　　　　借：其他货币资金——存出投资款　　　　　　　5 000 000
　　　　　贷：银行存款　　　　　　　　　　　　　　　　　5 000 000
4.
　　（1）甲公司 2018 年 12 月 31 日计提坏账准备时的会计分录
　　　　借：资产减值损失　　　　　　　　　　　　　　　250 000
　　　　　贷：坏账准备　　　　　　　　　　　　　　　　　250 000
　　（2）甲公司 2019 年确认坏账损失时的会计分录
　　　　借：坏账准备　　　　　　　　　　　　　　　　　180 000
　　　　　贷：应收账款　　　　　　　　　　　　　　　　　180 000
　　（3）甲公司 2019 年 12 月 31 日计提坏账准备时的会计分录
　　　　借：资产减值损失　　　　　　　　　　　　　　　130 000
　　　　　贷：坏账准备　　　　　　　　　　　　　　　　　130 000
　　（4）甲公司 2020 年收回已转销的坏账时的会计分录
　　　　借：应收账款　　　　　　　　　　　　　　　　　100 000
　　　　　贷：坏账准备　　　　　　　　　　　　　　　　　100 000
　　　　借：银行存款　　　　　　　　　　　　　　　　　100 000
　　　　　贷：应收账款　　　　　　　　　　　　　　　　　100 000
　　或：
　　　　借：银行存款　　　　　　　　　　　　　　　　　100 000
　　　　　贷：坏账准备　　　　　　　　　　　　　　　　　100 000
　　（5）甲公司 2020 年 12 月 31 日计提坏账准备时的会计分录
　　　　借：资产减值损失　　　　　　　　　　　　　　　 10 000
　　　　　贷：坏账准备　　　　　　　　　　　　　　　　　 10 000
5.
　　（1）甲公司 2018 年 12 月 5 日向乙公司销售产品时确认收入的会计分录
　　　　借：应收账款　　　　　　　　　　　　　　　　2 320 000
　　　　　贷：主营业务收入　　　　　　　　　　　　　　2 000 000
　　　　　　　应交税费——应交增值税（销项税额）　　　　320 000
　　（2）甲公司 2018 年 12 月 5 日向乙公司销售产品时结转销售成本的会计分录
　　　　借：主营业务成本　　　　　　　　　　　　　　1 800 000
　　　　　贷：库存商品　　　　　　　　　　　　　　　　1 800 000
　　（3）甲公司 2018 年 12 月 20 日确认坏账损失时的会计分录

借:坏账准备 30 000
　　贷:应收账款 30 000
(4) 甲公司 2018 年 12 月 25 日收回货款时的会计分录
借:银行存款 500 000
　　贷:应收账款——丁公司 500 000
(5) 甲公司 2018 年 12 月 31 日计提(或冲减)坏账准备时的会计分录
应收账款的年末余额 = 1 200 000 + 2 340 000 - 30 000 - 500 000
　　　　　　　　　= 3 010 000(元)
应计提的坏账准备 = 3 010 000 × 5% - (50 000 - 30 000) = 130 500(元)
借:资产减值损失 130 500
　　贷:坏账准备 130 500

6.
(1) 甲公司先进先出法下 1 月发出 A 材料的成本
发出 A 材料的成本 = 100 × 100 + 50 × 105 + 20 × 95 = 17 150(元)
(2) 甲公司先进先出法下 1 月 31 日结存 A 材料的成本
结存 A 材料的成本 = 50 × 95 = 4 750(元)
(3) 甲公司全月一次加权平均法下 1 月发出 A 材料的成本
A 材料的加权平均单位成本 = (100 × 100 + 50 × 105 + 70 × 95) ÷ (100 + 50 + 70)
　　　　　　　　　　　= 99.55(元)
发出 A 材料的成本 = 170 × 99.55 = 16 923.5(元)
(4) 甲公司全月一次加权平均法下 1 月 31 日结存 A 材料的成本
结存 A 材料的成本 = 100 × 100 + 50 × 105 + 70 × 95 - 16 923.5 = 4 976.5(元)

7.
(1) 甲公司 2018 年 12 月 7 日采购 A 商品时的会计分录
借:在途物资 98 000
　　应交税费——应交增值税(进项税额) 15 680
　　贷:银行存款 113 680
(2) 甲公司 2018 年 12 月 12 日 A 商品入库时的会计分录
借:原材料 96 040
　　待处理财产损溢 1 960
　　贷:在途物资 98 000
(3) 甲公司 2018 年 12 月 14 日查明 A 商品短缺时的会计分录
借:其他应收款 2 273.6
　　贷:待处理财产损溢 1 960
　　　　应交税费——应交增值税(进项税额转出) 313.6

8.

（1）计算甲公司 2018 年 12 月 31 日 A 产品应计提的跌价准备

有销售合同部分：

A 产品可变现净值 = 40 × (11 − 0.5) = 420（万元），成本 = 40 × 10 = 400（万元），这部分存货不需计提跌价准备。

超过合同数量部分：

A 产品可变现净值 = 60 × (10.2 − 0.5) = 582（万元），成本 = 60 × 10 = 600（万元），这部分存货需计提跌价准备 18 万元。

A 产品本期应计提存货跌价准备 = 18 − (30 − 20) = 8（万元）

（2）甲公司 2018 年 12 月 31 日 A 产品计提存货跌价准备时的会计分录

借：资产减值损失　　　　　　　　　　　　　　　　　80 000

　　贷：存货跌价准备——A 产品　　　　　　　　　　　　80 000

（3）计算甲公司 2018 年 12 月 31 日 B 配件应计提的跌价准备

用 B 配件生产的 A 产品发生了减值，所以 B 配件应按照成本与可变现净值孰低计量。

B 配件可变现净值 = 50 × (10.2 − 2 − 0.5) = 385（万元），成本 = 50 × 80 = 400（万元），B 配件应计提跌价准备 15 万元。

（4）甲公司 2018 年 12 月 31 日 B 配件计提存货跌价准备时的会计分录

借：资产减值损失　　　　　　　　　　　　　　　　　150 000

　　贷：存货跌价准备——B 配件　　　　　　　　　　　　150 000

9.

（1）甲公司 2018 年 12 月 31 日应计提的存货跌价准备金额

①有合同约定部分

可变现净值 = 1 000 × 1.5 − 1 000 × 0.1 = 1 400（万元）

账面价值 = 1 000 × 1.4 = 1 400（万元）

减值损失 = 0

②没有合同部分

可变现净值 = 300 × 1.4 − 300 × 0.1 = 390（万元）

账面价值 = 300 × 1.4 = 420（万元）

减值损失 = 420 − 390 = 30（万元）

（2）甲公司 2018 年 12 月 31 日计提存货跌价准备的会计分录

借：资产减值损失　　　　　　　　　　　　　　　　　300 000

　　贷：存货跌价准备　　　　　　　　　　　　　　　　　300 000

（3）甲公司 2019 年 3 月 6 日向乙公司销售电子设备的会计分录

借：银行存款　　　　　　　　　　　　　　　　　17 400 000

　　贷：主营业务收入　　　　　　　　　　　　　　　15 000 000

应交税费——应交增值税（销项税额）	2 400 000
借：主营业务成本	14 000 000
贷：库存商品	140 000 000

（4）甲公司 2019 年 4 月 6 日向无销售合同的他方销售电子设备的会计分录

借：银行存款	139 200
贷：主营业务收入	120 000
应交税费——应交增值税（销项税额）	19 200
借：主营业务成本	130 000
存货跌价准备	10 000
贷：库存商品	140 000

第四章

对外投资

一、单项选择题

1	2	3	4	5	6	7	8	9	10
B	B	C	C	A	B	D	B	B	C
11	12	13	14	15	16	17	18	19	20
B	A	C	B	D	A	B	A	B	B

二、多项选择题

1	2	3	4	5	6	7	8	9	10
BCD	AD	ABC	ABCD	AB	BC	ABD	ACD	AB	BCD
11	12	13	14	15	16				
ABCD	BD	AC	ABCD	BCD	AD				

三、判断题

1	2	3	4	5	6	7	8	9	10
×	√	×	√	×	√	√	×	×	×
11	12	13	14	15					
×	√	×	×	×					

四、计算及账务处理题

1.

（1）甲公司 2018 年 4 月 2 日取得乙公司股票时的会计分录

借：交易性金融资产——成本   4 000 000
    应收股利   100 000
    投资收益   50 000
  贷：银行存款   4 150 000

（2）甲公司 2018 年 4 月 20 日收到现金股利时的会计分录

借：银行存款   100 000
  贷：应收股利   100 000

（3）甲公司 2018 年 6 月 30 日对持有乙公司股票期末计量时的会计分录

借：公允价值变动损益   200 000
  贷：交易性金融资产——公允价值变动   200 000

（4）甲公司 2018 年 7 月 10 日出售乙公司股票时的会计分录

借：银行存款   4 940 000
  交易性金融资产——公允价值变动   200 000
  贷：交易性金融资产——成本   4 000 000
    公允价值变动损益   200 000
    投资收益   940 000

2.

（1）甲公司 2018 年 6 月 30 日的公允价值变动损益

公允价值变动损益 =（150 000 + 85 000 + 120 000 + 500 000 + 350 000）-（145 800 + 84 500 + 121 000 + 495 000 + 350 500）= 8 200（元）

（2）甲公司 2018 年 6 月 30 日期末计量时的会计分录

借：公允价值变动损益   8 200
  贷：交易性金融资产——公允价值变动   8 200

（3）甲公司 2018 年 9 月 5 日出售债券和股票时的投资收益

应确认的投资收益 =（260 000 + 149 000）-（150 000 + 500 000 ÷ 2）
    = 409 000 - 400 000 = 9 000（元）

（4）甲公司 2018 年 9 月 5 日出售债券和股票时的会计分录

借：银行存款   409 000
  交易性金融资产——公允价值变动   6 700
  贷：交易性金融资产——成本   400 000
    公允价值变动损益   6 700
    投资收益   9 000

（5）甲公司 2018 年 12 月 15 日购入壬公司股票时的会计分录

借：交易性金融资产——成本　　　　　　　　　　　170 000
　　应收股利　　　　　　　　　　　　　　　　　　　5 000
　　贷：银行存款　　　　　　　　　　　　　　　　175 000

3.

（1）甲公司 2018 年 1 月 1 日购入乙公司债券时的会计分录

借：债权投资——成本　　　　　　　　　　　　30 000 000
　　贷：银行存款　　　　　　　　　　　　　　30 000 000

（2）甲公司 2018 年 12 月 31 日确认并收到债券投资利息时的会计分录

借：应收利息　　　　　　　　　　　　　　　　3 000 000
　　贷：投资收益　　　　　　　　　　　　　　3 000 000

借：银行存款　　　　　　　　　　　　　　　　3 000 000
　　贷：应收利息　　　　　　　　　　　　　　3 000 000

（3）甲公司 2020 年 12 月 31 日确认最后一年利息以及收回本金和最后一年利息时的会计分录

借：应收利息　　　　　　　　　　　　　　　　3 000 000
　　贷：投资收益　　　　　　　　　　　　　　3 000 000

借：银行存款　　　　　　　　　　　　　　　33 000 000
　　贷：应收利息　　　　　　　　　　　　　　3 000 000
　　　　债权投资——成本　　　　　　　　　30 000 000

4.

（1）甲公司 2018 年 1 月 1 日购入乙公司债券时的会计分录

借：债权投资——成本　　　　　　　　　　　20 000 000
　　贷：银行存款　　　　　　　　　　　　　19 619 200
　　　　债权投资——利息调整　　　　　　　　380 800

（2）甲公司 2018 年 6 月 30 日确认并收到债券投资利息时的会计分录

借：应收利息　　　　　　　　　　　　　　　　300 000
　　债权投资——利息调整　　　　　　　　　　92 384
　　贷：投资收益　　　　　　　　　　　　　　392 384

借：银行存款　　　　　　　　　　　　　　　　300 000
　　贷：应收利息　　　　　　　　　　　　　　300 000

（3）甲公司 2018 年 12 月 31 日确认并收到债券投资利息时的会计分录

借：应收利息　　　　　　　　　　　　　　　　300 000
　　债权投资——利息调整　　　　　　　　　　94 232
　　贷：投资收益　　　　　　　　　　　　　　394 232

借：银行存款　　　　　　　　　　　　　　　　300 000

贷：应收利息　　　　　　　　　　　　　　　　　　300 000
　（4）甲公司 2019 年 12 月 31 日确认最后一年利息、收回本金和最后一年利息的会计分录
　　借：应收利息　　　　　　　　　　　　　　　　　　300 000
　　　　债权投资——利息调整　　　　　　　　　　　　 98 068
　　　　贷：投资收益　　　　　　　　　　　　　　　　398 068
　　借：银行存款　　　　　　　　　　　　　　　　 20 300 000
　　　　贷：应收利息　　　　　　　　　　　　　　　　300 000
　　　　　　债权投资——成本　　　　　　　　　　 20 000 000

5.
　（1）甲公司 2018 年 5 月 10 日购入股票时的会计分录
　　借：其他权益投资工具——成本　　　　　　　　 4 900 000
　　　　贷：银行存款　　　　　　　　　　　　　　 4 900 000
　（2）甲公司 2018 年 6 月 30 日期末计量时的会计分录
　　借：其他综合收益　　　　　　　　　　　　　　　　400 000
　　　　贷：其他权益投资工具——公允价值变动　　　　400 000
　（3）甲公司 2018 年 8 月 10 日乙公司宣告分派现金股利时的会计分录
　　借：应收股利　　　　　　　　　　　　　　　　　　120 000
　　　　贷：投资收益　　　　　　　　　　　　　　　　120 000
　（4）甲公司 2018 年 8 月 20 日收到现金股利时的会计分录
　　借：银行存款　　　　　　　　　　　　　　　　　　120 000
　　　　贷：应收股利　　　　　　　　　　　　　　　　120 000
　（5）甲公司 2018 年 12 月 31 日期末计量时的会计分录
　　借：其他权益投资工具——公允价值变动　　　　　　600 000
　　　　贷：其他综合收益　　　　　　　　　　　　　　600 000
　（6）甲公司 2019 年 1 月 3 日处置该金融资产时的会计分录
　　借：银行存款　　　　　　　　　　　　　　　　 5 150 000
　　　　其他综合收益　　　　　　　　　　　　　　　　200 000
　　　　贷：其他权益投资工具——成本　　　　　　 4 900 000
　　　　　　其他权益投资工具——公允价值变动　　　　200 000
　　　　　　投资收益　　　　　　　　　　　　　　　　250 000
　（7）甲公司该金融资产的累计损益
　　甲公司该金融资产的累计损益 = 12 + 5 + 20 = 37（万元）

6.
　（1）甲公司 2018 年 9 月 1 日购入乙公司股票时的会计分录
　　借：长期股权投资　　　　　　　　　　　　　　　　202 000

　　　　贷：银行存款　　　　　　　　　　　　　　　　　　　202 000
　（2）2018年年末
　　甲公司不需要编制相关会计分录。因为甲公司对乙公司的该项长期股权投资应采用成本法核算。在成本法下，只有被投资单位宣告分派现金股利时，投资企业才应当按照应享有被投资单位宣告发放的现金股利或利润确认投资收益。
　（3）甲公司2019年4月20日在乙公司宣告分派现金股利时的会计分录
　　　借：应收股利　　　　　　　　　　　　　　　　　　　10 000
　　　　贷：投资收益　　　　　　　　　　　　　　　　　　　10 000
　（4）甲公司2019年5月8日收到乙公司分派的现金股利时的会计分录
　　　借：银行存款　　　　　　　　　　　　　　　　　　　10 000
　　　　贷：应收股利　　　　　　　　　　　　　　　　　　　10 000
　（5）2019年年末
　　甲公司不需要编制相关会计分录。因为甲公司对乙公司的该项长期股权投资应采用成本法核算。在成本法下，只有被投资单位宣告分派现金股利时，投资企业才应当按照应享有被投资单位宣告发放的现金股利或利润确认投资收益。
　（6）甲公司2020年4月15日处置对乙公司长期股权投资时的会计分录
　　　借：银行存款　　　　　　　　　　　　　　　　　　　300 000
　　　　贷：长期股权投资　　　　　　　　　　　　　　　　 202 000
　　　　　　投资收益　　　　　　　　　　　　　　　　　　　98 000
7.
　（1）2018年1月1日取得乙公司股权时的会计分录
　　　借：长期股权投资——成本　　　　　　　　　　　　30 000 000
　　　　贷：银行存款　　　　　　　　　　　　　　　　 30 000 000
　　　借：长期股权投资——成本　　　　　　　　　　　　 2 400 000
　　　　贷：营业外收入　　　　　　　　　　　　　　　　 2 400 000
　（2）2018年3月2日乙公司宣告发放现金股利时的会计分录
　　　借：应收股利　　　　　　　　　　　　　　　　　　 2 000 000
　　　　贷：长期股权投资——成本　　　　　　　　　　　 2 000 000
　（3）2018年4月20日收到乙公司发放的现金股利时的会计分录
　　　借：银行存款　　　　　　　　　　　　　　　　　　 2 000 000
　　　　贷：应收股利　　　　　　　　　　　　　　　　　 2 000 000
　（4）2018年12月31日确认对乙公司投资收益时的会计分录
　　按其账面价值计算扣除的无形资产摊销额＝450÷10＝45（万元）
　　按取得投资时点上无形资产的公允价值计算确定的摊销额＝900÷10＝90（万元）
　　按该无形资产的公允价值计算的净利润＝600－45＝555（万元）

投资企业按持股比例计算确认的当期投资收益 = 555 × 40% = 222（万元）
借：长期股权投资——损益调整　　　　　　　　　　　　2 220 000
　　贷：投资收益　　　　　　　　　　　　　　　　　　　　　　　2 220 000

（5）2019 年 12 月 31 日确认对乙公司股权投资的其他权益变动时的会计分录
借：长期股权投资——其他权益变动　　　　　　　　　　 880 000
　　贷：资本公积——其他资本公积　　　　　　　　　　　　　　　880 000

（6）2019 年 12 月 31 日确认对乙公司投资收益时的会计分录
按该无形资产的公允价值计算的净利润 = 900 - 45 = 855（万元）
投资企业按持股比例计算确认的当期投资收益 = 855 × 40% = 342（万元）
借：长期股权投资——损益调整　　　　　　　　　　　　3 420 000
　　贷：投资收益　　　　　　　　　　　　　　　　　　　　　　　3 420 000

第五章

固定资产和无形资产

一、单项选择题

1	2	3	4	5	6	7	8	9	10
B	A	D	D	D	A	D	B	D	B
11	12	13	14	15	16	17	18	19	20
D	B	C	A	C	A	D	C	D	B

二、多项选择题

1	2	3	4	5	6	7	8	9	10
ABCD	ABCD	ABC	ABD	ABCD	ABCD	BD	BCD	ABCD	AC
11	12	13	14	15	16	17	18	19	20
ACD	BCD	ABD	BCD	BCD	AD	CD	ABCD	ABD	ABCD

三、判断题

1	2	3	4	5	6	7	8	9	10
√	√	×	√	×	×	×	√	√	×
11	12	13	14	15	16	17	18	19	20
√	×	√	√	×	√	×	√	×	×

四、计算及账务处理题

1.

（1）甲公司 2018 年 12 月 1 日购入 A 设备的会计分录

借：固定资产　　　　　　　　　　　　　　　　　5 040 000
　　应交税费——应交增值税（进项税额）　　　　800 000
　　贷：银行存款　　　　　　　　　　　　　　　　5 840 000
（2）甲公司2019年A设备应当计提的折旧额
甲公司2019年A设备应当计提的折旧额=504×5/15=168（万元）
（3）甲公司2019年A设备折旧时的会计分录
借：制造费用　　　　　　　　　　　　　　　　　1 680 000
　　贷：累计折旧　　　　　　　　　　　　　　　　1 680 000
（4）甲公司2019年12月31日出售A设备时的会计分录
借：固定资产清理　　　　　　　　　　　　　　　3 360 000
　　累计折旧　　　　　　　　　　　　　　　　　1 680 000
　　贷：固定资产　　　　　　　　　　　　　　　　5 040 000
借：银行存款　　　　　　　　　　　　　　　　　2 600 000
　　贷：固定资产清理　　　　　　　　　　　　　　2 600 000
借：资产处置损益　　　　　　　　　　　　　　　　760 000
　　贷：固定资产清理　　　　　　　　　　　　　　　760 000

2.
（1）甲公司2018年12月1日外购A设备的会计分录
借：固定资产　　　　　　　　　　　　　　　　　10 000 000
　　应交税费——应交增值税（进项税额）　　　　1 600 000
　　贷：银行存款　　　　　　　　　　　　　　　　11 600 000
（2）甲公司2019年A设备应当计提的折旧额
甲公司2019年A设备应当计提的折旧额=1 000×2/5=400（万元）
（3）甲公司2019年A设备折旧时的会计分录
借：制造费用　　　　　　　　　　　　　　　　　4 000 000
　　贷：累计折旧　　　　　　　　　　　　　　　　4 000 000
（4）甲公司2019年12月31日对A设备应计提的减值金额
甲公司2019年12月31日对A设备应计提的减值金额=（1 000-400）-500
　　　　　　　　　　　　　　　　　　　　　　　=100（万元）
（5）甲公司2019年12月31日对A设备计提减值时的会计分录
借：资产减值损失　　　　　　　　　　　　　　　1 000 000
　　贷：固定资产减值准备　　　　　　　　　　　　1 000 000
（6）甲公司2020年、2021年和2022年A设备应当计提的折旧额
甲公司2020年A设备应当计提的折旧额=500×2/4=250（万元）
甲公司2021年A设备应当计提的折旧额=（500-250）×2/4=125（万元）
甲公司2022年A设备应当计提的折旧额=（500-250-125）/2=62.5（万元）

（7）甲公司 2020 年、2021 年和 2022 年 A 设备折旧时的会计分录
①甲公司 2020 年 A 设备折旧时的会计分录
借：制造费用 2 500 000
　　贷：累计折旧 2 500 000
②甲公司 2021 年 A 设备折旧时的会计分录
借：制造费用 1 250 000
　　贷：累计折旧 1 250 000
③甲公司 2022 年 A 设备折旧时的会计分录
借：制造费用 625 000
　　贷：累计折旧 625 000
（8）编制甲公司 2022 年 12 月 20 日出售 A 设备时的会计分录
借：固定资产清理 625 000
　　累计折旧 8 375 000
　　固定资产减值准备 1 000 000
　　贷：固定资产 10 000 000
借：银行存款 1 200 000
　　贷：固定资产清理 1 200 000
借：固定资产清理 575 000
　　贷：资产处置损益 575 000

3.
（1）2018 年 1 月 1 日购入无形资产时的会计分录
借：无形资产 2 000 000
　　贷：银行存款 2 000 000
（2）计算 2018 年该项无形资产的年摊销额
2018 年该项无形资产的年摊销额 = 200 ÷ 5 = 40（万元）
（3）2018 年 12 月 31 日对该无形资产摊销时的会计分录
借：管理费用 400 000
　　贷：累计摊销 400 000
（4）2019 年 12 月 31 日对该项无形资产计提减值准备时的会计分录
2019 年 12 月 31 日，无形资产的账面价值 = 200 - 40 - 40 = 120（万元），甲企业估计其可收回金额为 108 万元，该无形资产应计提减值准备 12 万元。
借：资产减值损失 120 000
　　贷：无形资产减值准备 120 000
（5）计算 2020 年该项无形资产的年摊销额
2020 年该项无形资产的年摊销额 = 108 ÷ 3 = 36（万元）
（6）2020 年 12 月 31 日对该无形资产摊销时的会计分录

借：管理费用 360 000
　　　贷：累计摊销 360 000

（7）计算 2021 年 1 月 1 日出售该无形资产的净损益
出售该无形资产的净损益 = 100 – (200 – 40 – 40 – 36 – 12) = 28（万元）

（8）2021 年 1 月 1 日出售该无形资产时的会计分录
借：银行存款 1 000 000
　　累计摊销 1 160 000
　　无形资产减值准备 120 000
　　　贷：无形资产 2 000 000
　　　　　资产处置损益 280 000

4.
（1）2018 年研究阶段支出时的会计分录
借：研发支出——费用化支出 20 000 000
　　　贷：应付职工薪酬 3 000 000
　　　　　累计折旧 2 000 000
　　　　　原材料 6 000 000
　　　　　银行存款 9 000 000
借：管理费用 20 000 000
　　　贷：研发支出——费用化支出 20 000 000

（2）2018 年开发阶段支出时的会计分录
借：研发支出——资本化支出 10 000 000
　　　贷：应付职工薪酬 2 300 000
　　　　　原材料 700 000
　　　　　累计折旧 5 000 000
　　　　　银行存款 2 000 000

（3）2019 年新产品开发成功时的会计分录
借：无形资产 10 000 000
　　　贷：研发支出——资本化支出 10 000 000

（4）2019 年对无形资产进行摊销时的会计分录
借：制造费用 2 000 000
　　　贷：累计摊销 2 000 000

（5）计算 2021 年对该无形资产应计提的减值准备
2021 年末该无形资产账面价值 = 1 000 – (200 × 3) = 400（万元）
2021 年末该无形资产可收回金额（现值）= 190 ÷ (1 + 8%) + 180 ÷ (1 + 8%)^2
　　　　　　　　　　　　　　　　　　≈ 175.93 + 154.32
　　　　　　　　　　　　　　　　　　≈ 330.25（万元）

2021 年该无形资产应计提的减值准备 = 400 – 330.25 = 69.75（万元）

（6）2021 年对该无形资产计提减值准备时的会计分录

借：资产减值损失　　　　　　　　　　　　　　　697 500
　　贷：无形资产减值准备　　　　　　　　　　　　　　697 500

（7）计算 2022 年对该无形资产应计提的摊销额

2022 年该无形资产应计提的摊销额 = (1 000 – 600 – 69.75) ÷ 2 = 165.125（万元）

（8）2022 年对无形资产进行摊销时的会计分录

借：制造费用　　　　　　　　　　　　　　　　　1 651 250
　　贷：累计摊销　　　　　　　　　　　　　　　　　　1 651 250

第六章

负 债

一、单项选择题

1	2	3	4	5	6	7	8	9	10
C	B	D	C	B	B	D	B	D	A
11	12	13	14	15					
B	B	A	D	B					

二、多项选择题

1	2	3	4	5	6	7	8	9	10
ACD	ABCD	ABCD	ABCD	ABD	AB	CD	AC	BCD	BC
11	12	13							
AD	ABD	AD							

三、判断题

1	2	3	4	5	6	7	8	9	10
×	√	×	×	×	×	×	×	×	√
11	12	13	14	15	16	17	18		
×	√	×	×	√	√	×	×		

四、计算及账务处理题

1.

（1）甲公司2018年8月1日取得短期借款时的会计分录

借：银行存款　　　　　　　　　　　　　　　　40 000
　　贷：短期借款　　　　　　　　　　　　　　　　40 000

（2）甲公司2018年8月31日计提短期借款利息时的会计分录

借：财务费用　　　　　　　　　　　　　　　　200
　　贷：应付利息　　　　　　　　　　　　　　　　200

（3）甲公司2018年9月30日计提短期借款利息时的会计分录

借：财务费用　　　　　　　　　　　　　　　　200
　　贷：应付利息　　　　　　　　　　　　　　　　200

（4）甲公司2018年9月30日支付第三季度利息时的会计分录

借：应付利息　　　　　　　　　　　　　　　　400
　　贷：银行存款　　　　　　　　　　　　　　　　400

（5）甲公司2018年10月31日计提短期借款利息时的会计分录

借：财务费用　　　　　　　　　　　　　　　　200
　　贷：应付利息　　　　　　　　　　　　　　　　200

（6）甲公司2018年10月31日偿还借款本金和10月份利息时的会计分录

借：短期借款　　　　　　　　　　　　　　　　40 000
　　应付利息　　　　　　　　　　　　　　　　200
　　贷：银行存款　　　　　　　　　　　　　　　　40 200

2.

（1）甲公司2018年8月31日对A材料暂估入账时的会计分录

借：原材料　　　　　　　　　　　　　　　　58 000
　　贷：应付账款——暂估应付账款　　　　　　　　58 000

（2）甲公司2018年9月1日对暂估入账材料红字冲回时的会计分录

借：原材料　　　　　　　　　　　　　　　　58 000
　　贷：应付账款——暂估应付账款　　　　　　　　58 000

（3）甲公司2018年9月5日单货同到并开出商业承兑汇票付款时的会计分录

借：原材料　　　　　　　　　　　　　　　　60 000
　　应交税费——应交增值税（进项税额）　　　　9 600
　　贷：应付票据——商业承兑汇票　　　　　　　　69 600

（4）甲公司2018年12月5日商业承兑汇票到期无力支付时的会计分录

借：应付票据——商业承兑汇票　　　　　　　　69 600
　　贷：应付账款——乙公司　　　　　　　　　　　69 600

（5）甲公司 2019 年 10 月 21 日转销应付乙公司款项时的会计分录

借：应付账款——乙公司　　　　　　　　　　　　　69 600
　　贷：营业外收入　　　　　　　　　　　　　　　　　69 600

3.
（1）甲公司 2018 年 8 月 20 日收到预收款时的会计分录

借：银行存款　　　　　　　　　　　　　　　　　　80 000
　　贷：预收账款——乙公司　　　　　　　　　　　　　80 000

（2）甲公司 2018 年 9 月 5 日发出商品时的会计分录

借：预收账款——乙公司　　　　　　　　　　　　　70 400
　　贷：主营业务收入　　　　　　　　　　　　　　　　60 000
　　　　应交税费——应交增值税（销项税额）　　　　　9 600
　　　　库存现金　　　　　　　　　　　　　　　　　　　800

（3）甲公司 2018 年 9 月 5 日结转销售成本时的会计分录

借：主营业务成本　　　　　　　　　　　　　　　　40 000
　　贷：库存商品　　　　　　　　　　　　　　　　　　40 000

（4）甲公司 2018 年 9 月 5 日确认应交消费税时的会计分录

借：税金及附加　　　　　　　　　　　　　　　　　6 000
　　贷：应交税费——应交消费税　　　　　　　　　　　6 000

（5）甲公司 2018 年 9 月 15 日余款退回时的会计分录

借：预收账款——乙公司　　　　　　　　　　　　　9 600
　　贷：银行存款　　　　　　　　　　　　　　　　　　9 600

4.
（1）甲公司 2018 年 6 月 30 日计提职工工资时的会计分录

借：生产成本　　　　　　　　　　　　　　　　　　60 000
　　制造费用　　　　　　　　　　　　　　　　　　　20 000
　　管理费用　　　　　　　　　　　　　　　　　　　10 000
　　研发支出　　　　　　　　　　　　　　　　　　　10 000
　　贷：应付职工薪酬——工资　　　　　　　　　　　100 000

（2）甲公司 2018 年 6 月 30 日计提养老保险费、医疗保险费、失业保险费、住房公积金、工会经费、职工教育经费时的会计分录

借：生产成本　　　　　　　　　　　　　　　　　　28 500
　　制造费用　　　　　　　　　　　　　　　　　　　9 500
　　管理费用　　　　　　　　　　　　　　　　　　　4 750
　　研发支出　　　　　　　　　　　　　　　　　　　4 750
　　贷：应付职工薪酬——设定提存计划——社会保险费　34 000
　　　　　　　　　　　　　　　　　　——住房公积金　10 000

　　　　　——工会经费　　　　　　　　　　　　　　　　　2 000
　　　　　——职工教育经费　　　　　　　　　　　　　　　1 500
（3）甲公司 2018 年 6 月 30 日计提职工福利费时的会计分录
　　借：生产成本　　　　　　　　　　　　　　　　　　　6 000
　　　　制造费用　　　　　　　　　　　　　　　　　　　　600
　　　　管理费用　　　　　　　　　　　　　　　　　　　1 500
　　　　研发支出　　　　　　　　　　　　　　　　　　　　900
　　　　贷：应付职工薪酬——职工福利　　　　　　　　　　9 000
（4）甲公司 2018 年 6 月 30 日以自产的蚕丝被发放员工计提非货币性福利时的会计分录
　　借：生产成本　　　　　　　　　　　　　　　　　　　7 020
　　　　贷：应付职工薪酬——非货币性福利　　　　　　　　7 020
（5）甲公司 2018 年 6 月 30 日以外购的被套发放员工计提非货币性福利时的会计分录
　　借：管理费用　　　　　　　　　　　　　　　　　　　1 160
　　　　贷：应付职工薪酬——非货币性福利　　　　　　　　1 160
（6）甲公司 2018 年 6 月 30 日以租赁的住房无偿提供职工使用计提非货币性福利时的会计分录
　　借：管理费用　　　　　　　　　　　　　　　　　　　2 000
　　　　贷：应付职工薪酬——非货币性福利　　　　　　　　2 000
（7）甲公司 2018 年 7 月 5 日发放职工工资时的会计分录时
　　借：应付职工薪酬——应付工资　　　　　　　　　　 100 000
　　　　贷：应交税费——应交个人所得税　　　　　　　　　5 000
　　　　　　其他应收款——代垫水电费　　　　　　　　　　2 000
　　　　　　库存现金　　　　　　　　　　　　　　　　　93 000
（8）甲公司 2018 年 7 月 5 日支付食堂补贴时的会计分录
　　借：应付职工薪酬——职工福利　　　　　　　　　　　9 000
　　　　贷：库存现金　　　　　　　　　　　　　　　　　9 000
（9）甲公司 2018 年 7 月 5 日缴纳社会保险费、住房公积金、支付工会经费、职工教育经费时的会计分录
　　借：应付职工薪酬——设定提存计划——社会保险费　 34 000
　　　　　　　　　　　　　　　　　　——住房公积金　 10 000
　　　　　　　　　　　　　　　　　　——工会经费　　　2 000
　　　　　　　　　　　　　　　　　　——职工教育经费　1 500
　　　　贷：银行存款　　　　　　　　　　　　　　　　47 500
（10）甲公司 2018 年 7 月 6 日发放自产的蚕丝被作为非货币性福利时的会计

分录

  借：应付职工薪酬——非货币性福利   6 960
    贷：主营业务收入   6 000
      应交税费——应交增值税（销项税额）   960
  借：主营业务成本   4 000
    贷：库存商品   4 000
 （11）甲公司 2018 年 7 月 6 日发放外购的被套作为非货币性福利时的会计分录
  借：应付职工薪酬——非货币性福利   1 160
    贷：原材料   1 000
      应交税费——应交增值税（进项税额转出）   160
 （12）甲公司 2018 年 7 月 6 日支付房租时的会计分录
  借：应付职工薪酬——非货币性福利   2 000
    贷：银行存款   2 000

5.
（1）甲公司 2018 年 6 月 11 日购入 A 材料时的会计分录
  借：原材料——A   100 500
    应交税费——应交增值税（进项税额）   16 000
    贷：银行存款   500
      应付票据——银行承兑汇票   116 000
（2）甲公司 2018 年 6 月 15 日领用 B 材料时的会计分录
  借：在建工程   20 000
    贷：原材料   20 000
（3）甲公司 2018 年 6 月 20 日销售 A 产品时的会计分录
  借：应收账款   58 000
    贷：主营业务收入   50 000
      应交税费——应交增值税（销项税额）   8 000
（4）甲公司 2018 年 6 月 25 日以 B 产品对丙公司投资时的会计分录
  借：长期股权投资——丙公司   580 000
    贷：主营业务收入   500 000
      应交税费——应交增值税（销项税额）   80 000
  借：主营业务成本   400 000
    贷：库存商品——B 产品   400 000
（5）甲公司 2018 年 6 月 28 日预交增值税时的会计分录
  借：应交税费——应交增值税（已交税金）   20 000
    贷：银行存款   20 000

6.

(1) 甲公司 2018 年 1 月 1 日发行债券时的会计分录

借：银行存款　　　　　　　　　　　　　　1 025 313
　　贷：应付债券——面值　　　　　　　　　　 1 000 000
　　　　　　　——利息调整　　　　　　　　　　　25 313

(2) 填列计提利息及利息调整表

计息日期	应付利息 ① = 面值 × 10%	利息费用 ② = 上期⑤ × 9%	利息调整摊销额 ③ = | ① - ② |	利息调整余额 ④ = 上期④ - ③	摊余成本 ⑤ = 上期⑤ - ③
2018.1.1				25 313	1 025 313
2018.12.31	100 000	92 278	7 722	17 591	1 017 591
2019.12.31	100 000	91 583	8 417	9 174	1 009 174
2020.12.31	100 000	90 826	9 174	0	1 000 000

(3) 甲公司 2018 年 12 月 31 日计提利息及利息调整金额摊销时的会计分录

借：财务费用　　　　　　　　　　　　　　　92 278
　　应付债券——利息调整　　　　　　　　　　7 722
　　贷：应付利息　　　　　　　　　　　　　　100 000

(4) 甲公司 2018 年 12 月 31 日支付利息时的会计分录

借：应付利息　　　　　　　　　　　　　　　100 000
　　贷：银行存款　　　　　　　　　　　　　　100 000

(5) 甲公司 2019 年 12 月 31 日计提利息及利息调整金额摊销时的会计分录

借：财务费用　　　　　　　　　　　　　　　91 583
　　应付债券——利息调整　　　　　　　　　　8 417
　　贷：应付利息　　　　　　　　　　　　　　100 000

(6) 甲公司 2019 年 12 月 31 日支付利息时的会计分录

借：应付利息　　　　　　　　　　　　　　　100 000
　　贷：银行存款　　　　　　　　　　　　　　100 000

(7) 甲公司 2020 年 12 月 31 日计提利息及利息调整金额摊销时的会计分录

借：财务费用　　　　　　　　　　　　　　　90 826
　　应付债券——利息调整　　　　　　　　　　9 174
　　贷：应付利息　　　　　　　　　　　　　　100 000

(8) 甲公司 2020 年 12 月 31 日支付本金及最后一期利息时的会计分录

借：应付债券——面值　　　　　　　　　　　1 000 000
　　应付利息　　　　　　　　　　　　　　　100 000
　　贷：银行存款　　　　　　　　　　　　　1 100 000

第七章 所有者权益

一、单项选择题

1	2	3	4	5	6	7	8	9	10
C	A	B	D	C	D	A	C	B	C
11	12	13	14	15	16				
B	B	A	D	D	A				

二、多项选择题

1	2	3	4	5	6	7	8	9	10
ABD	BC	ABCD	ABD	ABCD	BCD	BCD	AC	BCD	ABC
11	12	13	14	15					
BC	BD	AB	ABCD	BD					

三、判断题

1	2	3	4	5	6	7	8	9	10
√	×	×	×	×	×	√	×	√	×
11	12	13	14	15	16				
√	×	√	×	√	×				

四、计算及账务处理题

1.
（1）甲股份有限公司应支付的发行费用和应实际收到的发行款
应支付的发行费用 = 10 000 000 × 5 × 1% = 500 000（元）
应实际收到的发行款 = 10 000 000 × 5 − 500 000 = 49 500 000（元）
（2）甲股份有限公司应确认的资本公积金额
应确认的资本公积金额 = 10 000 000 ×（5 − 1）− 50 000 = 39 500 000（元）
（3）甲股份有限公司 2018 年发行股票时的会计分录

借：银行存款		49 500 000
贷：股本		10 000 000
资本公积——股本溢价		39 500 000

2.
（1）甲公司接受投资者 A 出资时的会计分录

借：固定资产		400 000
贷：实收资本——A		400 000

（2）甲公司接受投资者 B 出资时的会计分录

借：原材料		300 000
应交税费——应交增值税（进项税额）		48 000
库存现金		60 000
贷：实收资本——B		400 000
资本公积——资本溢价		8 000

（3）甲公司接受投资者 C 出资时的会计分录

借：银行存款		450 000
贷：实收资本——C		400 000
资本公积——资本溢价		50 000

3.
（1）甲公司 2018 年年末"利润分配——未分配利润"科目余额
甲公司 2018 年年末"利润分配——未分配利润"科目余额 = 1 000 000 + 2 000 000 − 200 000 = 2 800 000（元）
（2）甲公司结转实现净利润时的会计分录

借：本年利润		2 000 000
贷：利润分配——未分配利润		2 000 000

（3）甲公司提取法定盈余公积时的会计分录

借：利润分配——提取法定盈余公积		200 000
贷：盈余公积——法定盈余公积		200 000

（4）甲公司结转"利润分配——提取法定盈余公积"时的会计分录

借：利润分配——未分配利润　　　　　　　　　　200 000
　　　贷：利润分配——提取法定盈余公积　　　　　　200 000

（5）甲公司决定发放现金股利时的会计分录

借：利润分配——应付现金股利　　　　　　　　　800 000
　　　贷：应付股利　　　　　　　　　　　　　　　　800 000

（6）甲公司结转"利润分配——应付现金股利"时的会计分录

借：利润分配——未分配利润　　　　　　　　　　800 000
　　　贷：利润分配——应付现金股利　　　　　　　　800 000

4.
（1）甲公司 2018 年有关利润分配的会计分录

借：本年利润　　　　　　　　　　　　　　　　2 000 000
　　　贷：利润分配——未分配利润　　　　　　　　2 000 000

借：利润分配——提取法定盈余公积　　　　　　　200 000
　　　贷：盈余公积——法定盈余公积　　　　　　　　200 000

借：利润分配——应付现金股利　　　　　　　　1 500 000
　　　贷：应付股利　　　　　　　　　　　　　　1 500 000

借：利润分配——未分配利润　　　　　　　　　1 700 000
　　　贷：利润分配——提取法定盈余公积　　　　　　200 000
　　　　　　　　——应付现金股利　　　　　　　1 500 000

（2）甲公司 2019 年结转亏损时的会计分录

借：利润分配——未分配利润　　　　　　　　　5 000 000
　　　贷：本年利润　　　　　　　　　　　　　　5 000 000

（3）甲公司 2020 年应交的所得税

甲公司 2020 年应交所得税 =（600 - 500）× 25% = 25（万元）

（4）甲公司 2020 年年末的可供分配利润

甲公司 2020 年年末的可供分配利润 = 100 +（200 - 170）- 500 +（600 - 25）
　　　　　　　　　　　　　　　　= 205（万元）

第八章

经营成果的形成与分配

一、单项选择题

1	2	3	4	5	6	7	8	9	10
A	D	C	C	D	B	C	B	B	C
11	12	13	14	15	16	17	18	19	20
B	D	A	B	B	C	B	D	C	C
21									
C									

二、多项选择题

1	2	3	4	5	6	7	8	9	10
ACD	ABC	BD	ABC	AB	ACD	BCD	ABC	ABC	ABC
11	12	13	14	15	16				
BD	ABC	BCD	BC	AD	AD				

三、判断题

1	2	3	4	5	6	7	8	9	10
√	×	√	√	×	√	√	√	×	×
11	12	13	14	15	16	17	18	19	20
√	×	×	√	√	√	×	√	×	×

四、计算及账务处理题

1.

(1) 甲公司 2018 年 1 月 1 日确认销售收入时的会计分录

借：应收账款	1 160 000
贷：主营业务收入	1 000 000
应交税费——应交增值税（销项税额）	160 000

(2) 甲公司 2018 年 1 月 1 日结转销售商品成本的会计分录

借：主营业务成本	800 000
贷：库存商品	800 000

(3) 甲公司 2018 年 2 月 6 日收款时的会计分录

借：银行存款	1 140 000
财务费用	20 000
贷：应收账款	1 160 000

2.

(1) 2017 年实际发生成本时的会计分录

借：劳务成本	19 000
贷：应付职工薪酬	19 000

预收账款时的会计分录

借：银行存款	40 000
贷：预收账款	40 000

2017 年 12 月 31 日按投入法确认收入和费用

劳务的履约进度 = 9 ÷ 24 × 100% = 37.5%

应确认的收入 = 120 000 × 37.5% − 0 = 45 000（元）

应确认的费用 = 80 000 × 37.5% − 0 = 30 000（元）

借：预收账款	45 000
贷：主营业务收入	45 000
借：主营业务成本	30 000
贷：劳务成本	30 000

(2) 2018 年实际发生成本时的会计分录

借：劳务成本	40 000
贷：应付职工薪酬	40 000

预收账款时的会计分录

借：银行存款	40 000
贷：预收账款	40 000

2018 年 12 月 31 日按投入法确认收入和费用

劳务的完工进度 = 21 ÷ 24 × 100% = 87.5%
应确认的收入 = 120 000 × 87.5% - 45 000 = 60 000（元）
应确认的费用 = 80 000 × 87.5% - 30 000 = 40 000（元）

借：预收账款　　　　　　　　　　　　　　　60 000
　　贷：主营业务收入　　　　　　　　　　　　　　60 000
借：主营业务成本　　　　　　　　　　　　　40 000
　　贷：劳务成本　　　　　　　　　　　　　　　　40 000

(3) 2019年实际发生成本时的会计分录
借：劳务成本　　　　　　　　　　　　　　　21 000
　　贷：应付职工薪酬　　　　　　　　　　　　　　21 000
预收账款时的会计分录
借：银行存款　　　　　　　　　　　　　　　40 000
　　贷：预收账款　　　　　　　　　　　　　　　　40 000
2019年7月1日完工时确认剩余收入和费用的会计分录
借：预收账款　　　　　　　　　　　　　　　15 000
　　贷：主营业务收入　　　　　　　　　　　　　　15 000
借：主营业务成本　　　　　　　　　　　　　10 000
　　贷：劳务成本　　　　　　　　　　　　　　　　10 000

3.
(1) 计算甲公司2013年应交的企业所得税
甲公司2013年应交的企业所得税额 = 5 000 000 × 25% = 1 250 000（元）
(2) 计算甲公司2013年所得税费用
递延所得税费用 = (250 000 - 200 000) + (125 000 - 100 000) = 75 000（元）
所得税费用 = 当期所得税费用 + 递延所得税费用
　　　　　 = 1 250 000 + 75 000 = 1 325 000（元）
(3) 甲公司所得税核算的会计分录
借：所得税费用　　　　　　　　　　　　　1 325 000
　　贷：应交税费——应交所得税　　　　　　　　1 250 000
　　　　递延所得税资产　　　　　　　　　　　　25 000
　　　　递延所得税负债　　　　　　　　　　　　50 000

4.
(1) 甲公司2013年与交易性金融资产相关的会计分录
借：交易性金融资产——成本　　　　　　　1 000 000
　　贷：银行存款　　　　　　　　　　　　　　1 000 000
借：应收股利　　　　　　　　　　　　　　　50 000
　　贷：投资收益　　　　　　　　　　　　　　　　50 000

借：银行存款　　　　　　　　　　　　　　　　　　　　　50 000
　　贷：应收股利　　　　　　　　　　　　　　　　　　　　50 000
借：交易性金融资产——公允价值变动　　　　　　　　　　200 000
　　贷：公允价值变动损益　　　　　　　　　　　　　　　200 000
（2）甲公司 2013 年与固定资产减值相关的会计分录
借：资产减值损失　　　　　　　　　　　　　　　　　　　600 000
　　贷：固定资产减值准备　　　　　　　　　　　　　　　600 000
（3）计算甲公司 2013 年度应交的企业所得税

甲公司 2013 年度应交的企业所得税 = [8 000 − 5 − 20 + 60 + (2 500 − 2 000) − 30 + 30 + 100 + 40] × 25% = 2 168.75（万元）

（4）计算甲公司 2013 年 12 月 31 日应确认的递延所得税资产和递延所得税负债

甲公司 2013 年 12 月 31 日因应纳税暂时性差异确认递延所得税负债的金额 = (20 − 40) × 25% = −5（万元）

甲公司 2013 年 12 月 31 日因可抵扣暂时性差异确认递延所得税资产的金额 = (60 + 100) × 25% = 40（万元）

（5）计算甲公司 2013 年所得税费用

甲公司 2013 年所得税费用 = 2 168.75 − 5 − 40 = 2 123.75（万元）

（6）甲公司 2013 年所得税核算的会计分录
借：所得税费用　　　　　　　　　　　　　　　　　　21 237 500
　　递延所得税资产　　　　　　　　　　　　　　　　　　400 000
　　递延所得税负债　　　　　　　　　　　　　　　　　　 50 000
　　贷：应交税费——应交所得税　　　　　　　　　　 21 687 500
5.
（1）甲公司提取法定盈余公积时的会计分录
借：利润分配——提取法定盈余公积　　　　　　　　　　800 000
　　贷：盈余公积——法定盈余公积　　　　　　　　　　800 000
（2）甲公司提取任意盈余公积时的会计分录
借：利润分配——提取任意盈余公积　　　　　　　　　　400 000
　　贷：盈余公积——任意盈余公积　　　　　　　　　　400 000
（3）甲公司向股东宣告分派现金股利时的会计分录
借：利润分配——应付现金股利　　　　　　　　　　　4 000 000
　　贷：应付股利　　　　　　　　　　　　　　　　　4 000 000
（4）甲公司向股东分派现金股利时的会计分录
借：应付股利　　　　　　　　　　　　　　　　　　　4 000 000
　　贷：银行存款　　　　　　　　　　　　　　　　　4 000 000
（5）甲公司向股东宣告分派股票股利时的会计分录

不需进行会计处理。

(6) 甲公司向股东分派股票股利时的会计分录

借：利润分配——转作股本的股利　　　　　　　　　　2 000 000
　　贷：股本　　　　　　　　　　　　　　　　　　　　　2 000 000

(7) 甲公司结转利润分配账户的明细账户时的会计分录

借：利润分配——未分配利润　　　　　　　　　　　　7 200 000
　　贷：利润分配——提取法定盈余公积　　　　　　　　　800 000
　　　　　　　　——提取任意盈余公积　　　　　　　　　400 000
　　　　　　　　——应付现金股利　　　　　　　　　2 000 000
　　　　　　　　——转作股本的股利　　　　　　　　4 000 000

第九章 财务报表列报

一、单项选择题

1	2	3	4	5	6	7	8	9	10
B	C	D	A	C	B	D	C	D	C
11	12	13	14	15					
B	B	D	D	B					

二、多项选择题

1	2	3	4	5	6	7	8	9	10
BC	BCD	AB	ABD	ABD	BD	ABCD	ACD	ABCD	BC
11	12	13	14	15					
ACD	ABC	ACD	AD	ABC					

三、判断题

1	2	3	4	5	6	7	8	9	10
√	×	×	√	√	√	×	√	×	√
11	12	13	14	15	16	17	18		
×	√	×	×	√	√	√	√		

四、计算题

1.

（1）2018年12月31日资产负债表中"应收票据及应收账款"项目应填列的金额

"应收票据及应收账款"项目的填列金额 =（500+20）-520×5% =494（万元）

（2）2018年12月31日资产负债表中"应收票据及应付账款"项目应填列的金额

"应收票据及应付账款"项目的填列金额 =350+40=390（万元）

（3）2018年12月31日资产负债表中"预收款项"项目应填列的金额

"预收款项"项目的填列金额 =250+100=350（万元）

（4）2018年12月31日资产负债表中"预付款项"项目应填列的金额

"预付款项"项目的填列金额 =（190+50）-240×5% =228（万元）

2.

（1）计算2018年度的营业利润

2018年度的营业利润 =（4 500 000+375 000）-（2 400 000+225 000）-75 000-90 000-100 000-30 000-50 000+100 000+300 000=2 305 000（元）

（2）计算2018年度的利润总额

2018年度的利润总额 =2 305 000+150 000-120 000=2 335 000（元）

（3）计算2018年度的净利润

2018年度的净利润 =2 335 000-350 000=1 985 000（元）

3.

（1）甲公司2018年"销售商品、提供劳务收到的现金"项目的金额

=（1 000+170）+（1 000-150）+（60-50）=1 130（万元）

（2）甲公司2018年"经营活动产生的现金流量净额"项目的金额

=600-50-75-25+40+10=500（万元）

（3）甲公司2018年"收回投资收到的现金"项目的金额

=（100+5）+（200+6）=311（万元）

（4）甲公司2018年"支付的其他与经营活动有关的现金"项目的金额

=2 200-950-25-420-200=605（万元）

（5）甲公司2018年"分配股利、利润或偿付利息支付的现金"项目的金额

=70 000+（30 000-10 000）=90 000（元）

（6）甲公司2018年"收到的税费返还"项目的金额

=6 000+10 000+2 000=18 000（元）

第十章 财务报表分析

一、单项选择题

1	2	3	4	5	6	7	8	9	10
B	B	D	C	C	D	C	B	D	B
11	12	13	14	15	16	17	18	19	20
A	B	C	B	C	C	D	C	B	A
21	22								
D	B								

二、多项选择题

1	2	3	4	5	6	7	8	9	10
ABCD	CD	BCD	BC	ABCD	ACD	ABCD	BCD	ABC	ABC

三、判断题

1	2	3	4	5	6	7	8	9	10
×	×	×	√	×	×	√	√	×	√

四、计算题

1.

（1）甲公司2018年流动资产的年初数和年末数

流动资产年初数 = 150 × 0.75 + 180 = 292.5（万元）

流动资产年末数 = 225 × 1.6 = 360（万元）

（2）甲公司2018年的营业收入

甲公司2018年营业收入 = $900 \times 1.2 = 1\,080$（万元）

（3）甲公司2018年流动资产平均余额和流动资产周转次数

流动资产平均余额 = $(292.5 + 360) \div 2 = 326.25$（万元）

流动资产周转次数 = $1\,080 \div 326.25 = 3.31$（次）

2.

（1）甲公司2018年年初所有者权益

2018年年初所有者权益 = $900 - 300 = 600$（万元）

（2）甲公司2018年年末负债

2018年年末负债 = $1\,500 - 960 = 540$（万元）

（3）甲公司2018年年初和年末的流动比率

年初流动比率 = $240 \div 120 = 2$

年末流动比率 = $300 \div 240 = 1.25$

（4）甲公司2018年年初和年末的资产负债率

年初资产负债率 = $300 \div 900 \times 100\% = 33.33\%$

年末资产负债率 = $540 \div 1\,500 \times 100\% = 36\%$

（5）甲公司2018年年初和年末的营运资本

年初营运资本 = $240 - 120 = 120$（万元）

年末营运资本 = $300 - 240 = 60$（万元）

3.

（1）甲公司2018年年初和年末的流动比率

2018年年初的流动比率 = $4\,960 \div 2\,000 = 2.48$

2018年年末的流动比率 = $6\,140 \div 3\,000 = 2.047$

（2）甲公司2018年年初和年末的速动比率

2018年年初的速动比率 = $(4\,960 - 1\,520) \div 2\,000 = 1.72$

2018年年末的速动比率 = $(6\,140 - 1\,620) \div 3\,000 = 1.507$

（3）甲公司2017年和2018年的应收账款周转次数

2017年的应收账款周转次数 = $52\,000 \div 2\,700 = 19.259$（次）

2018年的应收账款周转次数 = $37\,000 \div 3\,560 = 10.393$（次）

（4）甲公司2017年和2018年的销售净利率

2017年的销售净利率 = $1\,500 \div 52\,000 = 2.9\%$

2018年的销售净利率 = $2\,000 \div 37\,000 = 5.4\%$

（5）甲公司2018年年初和年末的资产负债率

2018年年初的资产负债率 = $4\,928 \div 12\,320 \times 100\% = 40\%$

2018年年末的资产负债率 = $7\,050 \div 14\,100 \times 100\% = 50\%$

4.

（1）甲公司 2018 年度的营业利润和净利润

营业利润 = 4 000 000 - 2 000 000 - 200 000 - 160 000 - 40 000 - 100 000 + 1 000 000
　　　　 = 2 500 000（元）

净利润 = 2 700 000 - 675 000 = 2 025 000（元）

（2）甲公司 2018 年的资产净利率与权益净利率

总资产净利率 = 2 025 000 ÷ 8 000 000 = 25.3%

权益净利率 = 2 025 000 ÷ (8 000 000 - 4 000 000) = 50.6%

5.

（1）计算甲公司 2018 年年末速动比率和资产负债率

速动比率 = (630 - 360) ÷ 300 = 0.9

资产负债率 = 700 ÷ 1 400 × 100% = 50%

（2）计算甲公司 2018 年总资产周转次数、销售净利率与权益净利率

总资产周转次数 = 840 ÷ 1 400 = 0.6（次）

销售净利率 = (117.6 ÷ 840) × 100% = 14%

权益净利率 = (117.6 ÷ 700) × 100% = 16.8%

模拟试卷（一）

一、单项选择题

1	2	3	4	5	6	7	8	9	10
C	D	B	D	C	B	D	C	C	A

二、多项选择题

1	2	3	4	5	6	7	8	9	10
BC	ABD	AD	ABCD	AB	BCD	ACD	BCD	ABD	ABC

三、判断题

1	2	3	4	5	6	7	8	9	10
√	√	×	×	×	×	×	√	×	×

四、计算及账务处理题

1.

（1）12月28日甲公司收到转账支票时的会计分录

借：银行存款　　　　　　　　　　　　　　　　4 800 000

　　贷：营业外收入　　　　　　　　　　　　　　　　4 800 000

（2）12月29日甲公司开出转账支票时的会计分录

借：管理费用　　　　　　　　　　　　　　　　3 600 000

　　贷：银行存款　　　　　　　　　　　　　　　　　3 600 000

（3）甲公司银行存款余额调节表

银行存款余额调节表

2018 年 12 月 31 日　　　　　　　　　　　　　　　　　　　单位：元

项　目	金　额	项　目	金　额
银行存款日记账余额	4 320 000	银行对账单余额	6 640 000
加：银行已收，企业未收	3 840 000	加：企业已收，银行未收	4 800 000
减：银行已付，企业未付	320 000	减：企业已付，银行未付	3 600 000
调整后余额	7 840 000	调整后余额	7 840 000

2.

（1）甲公司 3 月 1 日划出投资款时的会计分录

借：其他货币资金——存出投资款　　　　　　　　10 000 000
　　贷：银行存款　　　　　　　　　　　　　　　　　　　10 000 000

（2）甲公司 3 月 2 日购入丙公司股票时的会计分录

借：交易性金融资产——成本　　　　　　　　　　8 000 000
　　投资收益　　　　　　　　　　　　　　　　　　20 000
　　贷：其他货币资金——存出投资款　　　　　　　　　　8 020 000

（3）甲公司 3 月 31 日对购入的丙公司股票再计量时的会计分录

借：公允价值变动损益　　　　　　　　　　　　　300 000
　　贷：交易性金融资产——公允价值变动　　　　　　　　300 000

（4）甲公司 4 月 30 日对购入的丙公司股票再计量时的会计分录

借：交易性金融资产——公允价值变动　　　　　　400 000
　　贷：公允价值变动损益　　　　　　　　　　　　　　　400 000

（5）甲公司 5 月 10 日将持有的丙公司股票全部出售的会计分录

借：银行存款　　　　　　　　　　　　　　　　　8 250 000
　　公允价值变动损益　　　　　　　　　　　　　100 000
　　贷：交易性金融资产——成本　　　　　　　　　　　　8 000 000
　　　　　　　　　　　——公允价值变动　　　　　　　　100 000
　　　　投资收益　　　　　　　　　　　　　　　　　　　250 000

3.

（1）甲公司 6 月 2 日向乙公司销售 A 商品确认销售收入时的会计分录

借：应收账款　　　　　　　　　　　　　　　　　7 888 000
　　贷：主营业务收入　　　　　　　　　　　　　　　　　6 800 000
　　　　应交税费——应交增值税（销项税额）　　　　　　1 088 000

（2）甲公司 6 月 2 日向乙公司销售 A 商品结转销售成本时的会计分录

借：主营业务成本　　　　　　　　　　　　　　　4 800 000
　　贷：库存商品　　　　　　　　　　　　　　　　　　　4 800 000

(3) 甲公司 6 月 15 日将部分 A 商品作为福利发放给本公司职工的会计分录

借：生产成本　　　　　　　　　　　　　　　　　2 340 000
　　管理费用　　　　　　　　　　　　　　　　　　 187 200
　　销售费用　　　　　　　　　　　　　　　　　　 280 800
　　贷：应付职工薪酬——非货币性福利　　　　　　 2 808 000
借：应付职工薪酬——非货币性福利　　　　　　　　2 784 000
　　贷：主营业务收入　　　　　　　　　　　　　　2 400 000
　　　　应交税费——应交增值税（销项税额）　　　 384 000
借：主营业务成本　　　　　　　　　　　　　　　　1 800 000
　　贷：库存商品　　　　　　　　　　　　　　　　1 800 000

4.

(1) 甲公司 6 月 3 日预付款项时的会计分录

借：预付账款　　　　　　　　　　　　　　　　　　 100 000
　　贷：银行存款　　　　　　　　　　　　　　　　　100 000

(2) 甲公司 6 月 25 日收到材料时的会计分录

借：原材料　　　　　　　　　　　　　　　　　　　 100 000
　　应交税费——应交增值税（进项税额）　　　　　　16 000
　　贷：预付账款　　　　　　　　　　　　　　　　　116 000

(3) 甲公司 7 月 1 日补付货款时的会计分录

借：预付账款　　　　　　　　　　　　　　　　　　　17 000
　　贷：银行存款　　　　　　　　　　　　　　　　　 17 000

模拟试卷（二）

一、单项选择题

1	2	3	4	5	6	7	8	9	10
C	C	D	A	D	B	A	C	D	C

二、多项选择题

1	2	3	4	5	6	7	8	9	10
ABC	ABD	ABCD	ABCD	ABC	AC	ACD	AB	BC	ACD

三、判断题

1	2	3	4	5	6	7	8	9	10
√	×	√	×	×	×	×	×	×	√

四、计算及账务处理题

1.

（1）甲公司 A 材料盘盈的会计分录

借：原材料　　　　　　　　　　　　　　　　　　　　　　　6 000
　　贷：待处理财产损溢　　　　　　　　　　　　　　　　　　6 000
借：待处理财产损溢　　　　　　　　　　　　　　　　　　　6 000
　　贷：管理费用　　　　　　　　　　　　　　　　　　　　　6 000

（2）甲公司 B 材料盘亏的会计分录

借：待处理财产损溢　　　　　　　　　　　　　　　　　　　23 400
　　贷：原材料　　　　　　　　　　　　　　　　　　　　　　20 000
　　　　应交税费——应交增值税（进项税额转出）　　　　　　3 400
借：其他应收款　　　　　　　　　　　　　　　　　　　　　5 000
　　贷：待处理财产损溢　　　　　　　　　　　　　　　　　　5 000
借：原材料　　　　　　　　　　　　　　　　　　　　　　　1 000

　　　　贷：待处理财产损溢　　　　　　　　　　　　　　　　　1 000
　　借：管理费用　　　　　　　　　　　　　　　　　　　　　　17 400
　　　　贷：待处理财产损溢　　　　　　　　　　　　　　　　　17 400
（3）甲公司 C 材料毁损的会计分录
　　借：待处理财产损溢　　　　　　　　　　　　　　　　　　58 500
　　　　贷：原材料　　　　　　　　　　　　　　　　　　　　50 000
　　　　　　应交税费——应交增值税（进项税额转出）　　　　　8 500
　　借：其他应收款　　　　　　　　　　　　　　　　　　　　30 000
　　　　贷：待处理财产损溢　　　　　　　　　　　　　　　　30 000
　　借：营业外支出　　　　　　　　　　　　　　　　　　　　28 500
　　　　贷：待处理财产损溢　　　　　　　　　　　　　　　　28 500

2.
（1）甲公司 2018 年 1 月 1 日购买商标权时的会计分录
　　借：无形资产　　　　　　　　　　　　　　　　　　　1 200 000
　　　　贷：银行存款　　　　　　　　　　　　　　　　　1 200 000
（2）甲公司 2018 年和 2019 年对该商标权进行摊销时的会计分录
　　借：管理费用　　　　　　　　　　　　　　　　　　　　120 000
　　　　贷：累计摊销　　　　　　　　　　　　　　　　　　120 000
　　借：管理费用　　　　　　　　　　　　　　　　　　　　120 000
　　　　贷：累计摊销　　　　　　　　　　　　　　　　　　120 000
（3）甲公司 2020 年 1 月 1 日出售该商标权时的会计分录
　　借：银行存款　　　　　　　　　　　　　　　　　　　1 000 000
　　　　累计摊销　　　　　　　　　　　　　　　　　　　　240 000
　　　　贷：无形资产　　　　　　　　　　　　　　　　　1 200 000
　　　　　　营业外收入　　　　　　　　　　　　　　　　　40 000

3.
（1）计算 12 月 31 日先进先出法下 A 材料发出及结存的成本
发出 A 材料的成本 = 200×50+40×75+60×35 = 151 000（元）
结存 A 材料的成本 = 60×35 = 2 100（元）
（2）会计分录
　　借：制造费用　　　　　　　　　　　　　　　　　　　　151 000
　　　　贷：原材料　　　　　　　　　　　　　　　　　　　151 000
（3）计算 12 月 31 日加权平均法下 A 材料发出及结存的成本
A 材料的加权平均成本 =（200×50+40×75+120×35）÷（200+40+120）
　　　　　　　　　　=47.78（元/千克）
发出 A 材料的成本 = 300×47.78 = 14 334（元）

结存 A 材料的成本 = 200×50 + 40×75 + 120×35 - 14 334 = 2 866（元）
（4）会计分录
借：管理费用　　　　　　　　　　　　　　　　　14 334
　　贷：原材料　　　　　　　　　　　　　　　　　　　　14 334
4.
（1）甲公司 2018 年 1 月 1 日取得长期借款时的会计分录
借：银行存款　　　　　　　　　　　　　　　　　8 000 000
　　贷：长期借款　　　　　　　　　　　　　　　　　　　8 000 000
（2）甲公司 2018 年 12 月 31 日计提长期借款利息时的会计分录
借：在建工程　　　　　　　　　　　　　　　　　480 000
　　贷：应付利息　　　　　　　　　　　　　　　　　　　480 000
（3）甲公司 2018 年 12 月 31 日厂房工程完工时的会计分录
借：固定资产　　　　　　　　　　　　　　　　　8 480 000
　　贷：在建工程　　　　　　　　　　　　　　　　　　　8 480 000
（4）计算甲公司厂房 2019 年应计提的折旧额并编制计提折旧额的会计分录
甲公司厂房 2019 年应计提的折旧额 = (848 - 8) ÷ 20 = 42（万元）
借：制造费用　　　　　　　　　　　　　　　　　420 000
　　贷：累计折旧　　　　　　　　　　　　　　　　　　　420 000
（5）甲公司 2019 年 12 月 31 日计提长期借款利息时的会计分录
借：财务费用　　　　　　　　　　　　　　　　　480 000
　　贷：应付利息　　　　　　　　　　　　　　　　　　　480 000

模拟试卷（三）

一、单项选择题

1	2	3	4	5	6	7	8	9	10
A	A	D	C	B	A	A	D	B	C

二、多项选择题

1	2	3	4	5	6	7	8	9	10
AD	ABD	ABC	AD	BCD	BD	ABCD	BCD	ABC	ABCD

三、判断题

1	2	3	4	5	6	7	8	9	10
×	×	√	×	×	√	×	×	×	×

四、计算及账务处理题

1.

（1）甲公司12月8日向乙公司销售商品确认销售收入时的会计分录

借：应收账款　　　　　　　　　　　　　　　　　　　　　11 600 000
　　贷：主营业务收入　　　　　　　　　　　　　　　　　　10 000 000
　　　　应交税费——应交增值税（销项税额）　　　　　　　1 600 000

（2）甲公司12月8日向乙公司销售商品结转销售成本时的会计分录

借：主营业务成本　　　　　　　　　　　　　　　　　　　5 000 000
　　贷：库存商品　　　　　　　　　　　　　　　　　　　　5 000 000

（3）甲公司12月24日确认坏账损失时的会计分录

借：坏账准备　　　　　　　　　　　　　　　　　　　　　150 000
　　贷：应收账款　　　　　　　　　　　　　　　　　　　　150 000

（4）甲公司12月28日收回丁公司所欠货款时的会计分录

借：银行存款　　　　　　　　　　　　　　　　　　　　　2 500 000

　　　　贷：应收账款　　　　　　　　　　　　　　　　　　2 500 000
（5）甲公司 12 月 31 日应该计提（或冲销）的坏账准备金额
应收账款的年末余额 = 600 + 1 170 – 15 – 250 = 1 505（万元）
应计提的坏账准备 = 1 505 × 5% – (25 – 15) = 65.25（万元）
（6）甲公司 12 月 31 日计提（或冲销）坏账准备时的会计分录
借：资产减值损失　　　　　　　　　　　　　　　　　652 500
　　　　贷：坏账准备　　　　　　　　　　　　　　　　　　　652 500

2.
（1）甲公司 2018 年 5 月 13 日取得投资时的会计分录
借：交易性金融资产——成本　　　　　　　　　　　4 800 000
　　投资收益　　　　　　　　　　　　　　　　　　　　40 000
　　　　贷：银行存款　　　　　　　　　　　　　　　　　4 840 000
（2）甲公司 2018 年 6 月 30 日对该股票投资期末计量的会计分录
借：公允价值变动损益　　　　　　　　　　　　　　　300 000
　　　　贷：交易性金融资产——公允价值变动　　　　　　300 000
（3）甲公司 2018 年 8 月 3 日将该股票投资出售时的会计分录
借：银行存款　　　　　　　　　　　　　　　　　　5 050 000
　　交易性金融资产——公允价值变动　　　　　　　　　300 000
　　　　贷：交易性金融资产——成本　　　　　　　　　　4 800 000
　　　　　　公允价值变动损益　　　　　　　　　　　　　　300 000
　　　　　　投资收益　　　　　　　　　　　　　　　　　　250 000

3.
（1）甲公司 2018 年 1 月 1 日债券发行时的会计分录
借：银行存款　　　　　　　　　　　　　　　　　　1 000 000
　　　　贷：应付债券——面值　　　　　　　　　　　　　1 000 000
（2）甲公司 2018 年 12 月 31 日计提债券利息时的会计分录
借：财务费用　　　　　　　　　　　　　　　　　　　120 000
　　　　贷：应付利息　　　　　　　　　　　　　　　　　　120 000
（3）甲公司 2018 年 12 月 31 日支付利息时的会计分录
借：应付利息　　　　　　　　　　　　　　　　　　　120 000
　　　　贷：银行存款　　　　　　　　　　　　　　　　　　120 000
（4）甲公司 2020 年 12 月 31 日债券到期还本时的会计分录
借：应付债券——面值　　　　　　　　　　　　　　1 000 000
　　　　贷：银行存款　　　　　　　　　　　　　　　　　1 000 000

4.
（1）计算甲公司 2018 年年末速动比率和资产负债率

速动比率 =（1 890 − 1 080）÷ 900 = 0.9

资产负债率 = 2 100 ÷ 4 200 × 100% = 50%

（2）计算甲公司 2018 年总资产周转次数、销售净利率与权益净利率

总资产周转次数 = 2 520 ÷ 4 200 = 0.6（次）

销售净利率 =（352.8 ÷ 2 520）× 100% = 14%

权益净利率 =（352.8 ÷ 2 100）× 100% = 16.8%

模拟试卷（四）

一、单项选择题

1	2	3	4	5	6	7	8	9	10
C	C	A	A	B	C	A	D	A	C

二、多项选择题

1	2	3	4	5	6	7	8	9	10
AB	BCD	ACD	ABCD	ABC	BCD	ACD	AC	ABCD	ABCD

三、判断题

1	2	3	4	5	6	7	8	9	10
×	×	√	√	×	×	×	×	√	×

四、计算及账务处理题

1.

（1）甲公司2018年7月6日购入设备时的会计分录

借：在建工程　　　　　　　　　　　　　　　　8 000 000

　　应交税费——应交增值税（进项税额）　　　1 280 000

　　贷：银行存款　　　　　　　　　　　　　　9 280 000

（2）甲公司2018年7月31日支付设备安装费时的会计分录

借：在建工程　　　　　　　　　　　　　　　　80 000

　　贷：银行存款　　　　　　　　　　　　　　80 000

（3）甲公司2018年7月31日设备投入使用时的会计分录

借：固定资产　　　　　　　　　　　　　　　　8 080 000

　　贷：在建工程　　　　　　　　　　　　　　970 080 000

（4）甲公司2023年12月31日处置设备时的会计分录

借：固定资产清理　　　　　　　　　　　　　　80 000

    累计折旧   8 000 000
      贷：固定资产   8 080 000
  借：银行存款   70 000
    贷：固定资产清理   70 000
  借：营业外支出   10 000
    贷：固定资产清理   10 000

2.
（1）甲公司2018年12月分配本月份工资费用的会计分录
  借：生产成本   1 000 000
    制造费用   600 000
    管理费用   300 000
    销售费用   100 000
    贷：应付职工薪酬——工资   2 000 000

（2）甲公司2018年12月31日从银行提取现金用于发放工资的会计分录
  借：库存现金   1 900 000
    贷：银行存款   1 900 000

（3）甲公司2018年12月31日向职工发放工资时的会计分录
  借：应付职工薪酬——工资   1 900 000
    贷：库存现金   1 900 000

（4）甲公司2018年12月31日从工资总额中代扣各种款项的会计分录
  借：应付职工薪酬——工资   100 000
    贷：其他应收款——职工房租   80 000
         ——代垫医药费   20 000

3.
（1）甲公司2018年12月1日将现金存入银行的会计分录
  借：银行存款   60 000
    贷：库存现金   60 000

（2）甲公司2018年12月6日从银行借款的会计分录
  借：银行存款   80 000
    贷：长期借款   80 000

（3）甲公司2018年12月9日购入非专利技术的会计分录
  借：无形资产   500 000
    贷：银行存款   500 000

（4）甲公司2018年12月18日销售产品时的会计分录
  借：应收账款   116 000
    贷：主营业务收入   100 000

	应交税费——应交增值税（销项税额）	16 000

借：主营业务成本　　　　　　　　　　　　　　80 000
　　贷：库存商品　　　　　　　　　　　　　　　　　80 000

（5）甲公司 2018 年 12 月 22 日预付材料款时的会计分录

借：预付账款　　　　　　　　　　　　　　　　40 000
　　贷：银行存款　　　　　　　　　　　　　　　　　40 000

（6）甲公司 2018 年 12 月 29 日收到丙公司发来材料的会计分录

借：原材料　　　　　　　　　　　　　　　　　40 000
　　应交税费——应交增值税（进项税额）　　　　6 400
　　贷：预付账款　　　　　　　　　　　　　　　　　46 400

4.

（1）甲公司 2018 年年初所有者权益

2018 年年初所有者权益 = 300 - 100 = 200（万元）

（2）甲公司 2018 年年末负债

2018 年年末负债 = 500 - 320 = 180（万元）

（3）甲公司 2018 年年初和年末的流动比率

年初流动比率 = 80 ÷ 40 = 2

年末流动比率 = 100 ÷ 80 = 1.25

（4）甲公司 2018 年年初和年末的资产负债率

年初资产负债率 = 100 ÷ 300 × 100% = 33.33%

年末资产负债率 = 180 ÷ 500 × 100% = 36%

（5）甲公司 2018 年年初和年末的营运资本

年初营运资本 = 80 - 40 = 40（万元）

年末营运资本 = 100 - 80 = 20（万元）

附 录

自测题、案例分析与补充阅读

附录二：案例分析

案例一：资产负债表与利润表分析

1. 甲公司长期偿债能力分析

资产负债率 = 9 208/47 520 × 100% = 19.38%

负债与股东权益比率 = 9 208/47 520 × 100% = 24.03%

负债与有形净资产比率 = 9 208/(38 312 - 1 000 - 200 - 300) × 100% = 25.01%

利息保障倍数 = (9 700 + 1 120)/1 120 = 9.66

从计算的指标来看，甲公司的长期偿债能力很强，三个比率评价指标均未超过 50%，而且其利息保障倍数接近 10 倍。因此，总体来看，甲公司的长期偿债能力很强。

2. 甲公司盈利能力分析

甲公司 2017 年度由亏转盈的主要原因是确认公允价值变动收益和投资收益。此两项收益高达 4 700 万元，占全部净利润 7 050 万元的 66.67%。甲公司的盈利状况存在较大的风险，即一旦交易性金融资产和投资性房地产的公允价值下跌，该公司将会重蹈亏损的覆辙。

3. 甲公司筹资能力分析

从甲公司的资产负债表右边来看，该公司的筹资能力明显减弱。主要表现在不仅短期借款本年末比上年末有大幅度的下降，而且未能很好地使用商业信用，应付票据、应付账款、长期应付款等均比上年有所减少，应付股利和其他流动负债也有所下降，增大了其他筹资方式的压力。

4. 甲公司资金使用状况分析

甲公司的资金主要用于投资性房地产、固定资产、无形资产和开发支出上。说明该公司既希望通过投资房地产增大收益，又希望通过固定资产及早发挥效能，而且还注重加大无形资产和研发支出，为企业的未来发展奠定基础。因此，从资产负债表所反映的数据来看，该公司的资金使用较为合理。

5. 甲公司资产质量分析

从甲公司财务报表列示的数据来看，该公司当期计提了 2 560 万元的资产减值损失，占全部资产的 5% 以上，资产质量不是很好。

6. 甲公司财务报表附注分析

甲公司的财务报表附注很不完整，至少还应披露的信息包括：

（1）重要会计政策的说明，包括财务报表项目的计量基础和会计政策的确定依据等。

（2）重要会计估计的说明，包括下一会计期间内很可能导致资产、负债账面价值重大调整的会计估计的确定依据。

（3）会计政策、会计估计变更以及差错更正的说明。

（4）或有事项、资产负债表日后非调整事项，以及关联方交易等事项的说明。

（5）对财务报表（包括资产负债表、利润表、现金流量表和所有者权益变动表）重要项目的进一步说明。

案例二：现金流量表

1.
（1）会计处理不正确。

该项业务属于投资活动，根据《企业会计准则第 31 号——现金流量表》，应在投资活动产生的现金流量部分单独反映。

（2）会计处理正确。

根据收付实现制的原理，在编制现金流量表时，无论是什么时候产生的现金流量，只要是发生在编制财务报表的期间，就属于该期间的现金流量。

（3）会计处理不正确。

现金流量表是反映报告期实际收到或支付的现金，在当期未收到，故不能反映。

（4）会计处理部分正确。

即反映 500 万元是正确的，反映未来才支付的 300 万元不正确。

（5）会计处理部分正确。

前两项正确，后一项不正确，应反映在"支付其他与经营活动有关的现金"项目中。

（6）会计处理不正确。

因为偿还应付账款属于经营活动的现金流出。

（7）会计处理正确。

该项支出属于经营活动。按照《企业会计准则第 31 号——现金流量表》的规定，企业在编制现金流量表时，分为三类活动：①经营活动，是指企业投资活动和筹资活动以外的所有交易和事项。②投资活动，是指企业长期资产的购建和不包括在现金等价物范围内的投资及其处置活动。③筹资活动，是指导致企业资本及债务规模和构成发生变化的活动。对外捐赠现金或接受捐赠现金，既不属于投资活动，也不属于筹资活动，只能界定为经营活动。当然，这种会计处理也有不同的看法，会计准则对此的处理也多次发生过变化。

（8）会计处理不正确。

该项目应根据有关"资产减值准备"和"累计折旧"账户贷方发生额分析填列。

（9）会计处理正确。

该项目是根据本年资产负债表中"存货"项目"年末余额－年初余额"的差额确定的。因公司本年度未发生存货抵债、非货币性资产交换等非现金资产取得或处置存货的情形，故可以直接计算。

（10）会计处理正确。

该项目是直接根据本年资产负债表中应收及预付款项目"年末余额－年初余额"的差额确定的。因本年度公司未发生"应收股利"或"应收利息"等业务，本年度的应收及预付款项中没有与购建固定资产等非经营活动有关的业务，故可以直接计算。

（11）会计处理不正确。

该项目还应包括"应交税费""应付职工薪酬"等经营性应付项目年末与年初的差额。同时，还需剔出非经营活动产生的现金流出。

2.

（1）经营活动产生的现金流量 = －1 580 －1 810.7 ＋300 －1 500 ＋30
  = －4 560.7（万元）

（2）投资活动产生的现金流量 = －1 920 －1 000 ＋2 500 = －420（万元）

（3）筹资活动产生的现金流量 = 2 600 ＋1 500 －30 = 4 070（万元）

（4）现金及现金等价物净增加额 = －4 560.7 －420 ＋4 070 = －910.7（万元）